सहज गीता

श्रीमद् भगवद् गीता
सहज संस्कृत पाठ
सहज हिंदी अनुवाद

लेखक की अन्य पुस्तकें

समांतर कोश : हिंदी थिसारस
(अरविंद कुमार और कुसुम कुमार)

शब्देश्वरी : देवीदेवताओं के नामों का समांतर कोश
(अरविंद कुमार और कुसुम कुमार)

विक्रम सैंधव : 'जूलियस सीज़र' का भारतीय काव्य रूपांतर

अँगरेजी-हिंदी जूलियस सीज़र : मूल अँगरेजी पाठ और हिंदी काव्य अनुवाद

सीता निष्कासन

Banishment of Sita

हर घर के लिए

सहज गीता

श्रीमद् भगवद् गीता
सहज संस्कृत पाठ
सहज हिंदी अनुवाद

अरविंद कुमार

राधाकृष्ण प्रकाशन

ISBN : 978-81-7119-606-7

सहज गीता

पहला संस्करण : 2000
पाँचवाँ संस्करण : 2023

मूल्य : ₹495

प्रकाशक
राधाकृष्ण प्रकाशन प्राइवेट लिमिटेड
जी-17, जगतपुरी, दिल्ली-110 051
शाखाएँ : अशोक राजपथ, साइंस कॉलेज के सामने, पटना-800 006
पहली मंजिल, दरबारी बिल्डिंग, महात्मा गांधी मार्ग, प्रयागराज-211 001
वेबसाइट : www.radhakrishnaprakashan.com
ई-मेल : info@radhakrishnaprakashan.com

मुद्रक
बी.के. ऑफसेट
नवीन शाहदरा, दिल्ली-110 032

SAHAJ GITA
by Arvind Kumar

समर्पण

तथागत पिताश्री योगीश्वर

लक्ष्मण स्वरूप

(१९०२-१९८६)

की पुण्य स्मृति में

जिन्हों ने अपना जीवन देश और समाज को अर्पित कर दिया
जो अपने को स्वाधीन भारत की नीवँ की एक ईंट मात्र समझते रहे
जिन्हों ने जीवन भर गीता को पढ़ा और जिया

और

जिन के जीवन काल में
और जिन के लिए यह अनुवाद किया गया
लेकिन समांतर कोश की रचना में मेरी व्यस्तता के कारण
प्रकाशित न करवाया जा सका.
काश, वे समांतर कोश को देख भी पाते. लेकिन –
अशोच्यान् अन्वशोचस्...

प्रकाशकीय

श्रीमद् भगवद् गीता को आदि शंकराचार्य ने *प्रस्थान त्रयी* यानी भारतीय दर्शन के तीन आधार ग्रंथों में गिना. संत ज्ञानेश्वर ने पश्चिम भारत में गीता को घर घर पहुँचाया. बीसवीं सदी में महात्मा तिळक, महात्मा गाँधी तथा संत विनोबा ने गीता को न केवल अपने जीवन में अपनाया और उस से स्वाधीनता संग्राम का अस्त्र बनाया बल्कि लोगों को प्रेरणा दी कि इसे जीवन शैली के रूप में अपनाएँ.

आधुनिक हिंदी पाठकों को गीता के अध्ययन में दो मुख्य कठिनाइयाँ आती हैं. वे संस्कृत के संधि समास के कारण गीता के श्लोकों को आसानी से पढ़ नहीं पाते. अनुवादों के जटिल लंबे वाक्यों में गीता का संदेश उलझ कर रह जाता है.

इन कठिनाइयों को दूर करने के लिए ही *समांतर कोश* और *शब्देश्वरी* के रचेता अरविंद कुमार ने गीता का यह सहज संस्करण तैयार किया है. इस में उन्हों ने संस्कृत श्लोकों को सहज ध्वनि समूहों में विभाजित किया है, ताकि हर व्यक्ति उन्हें सप्रवाह पढ़ सके. अनुवाद में छोटे सरल वाक्यों का उपयोग किया गया है. साथ ही मूल श्लोकों के आरंभ में जो भाव है, वही अनुवाद में पहला है, और जो अंतिम भाव है वही अनुवाद में अंतिम है. इस का लाभ यह है कि मूल गीता का भाव क्रम अनुवाद में भी अक्षुण्ण है, जो किसी अन्य अनुवाद में नहीं है.

राधाकृष्ण प्रकाशन को गर्व है कि हम हिंदी के लाखों पाठकों की सेवा में *सहज गीता* प्रस्तुत कर रहे हैं.

प्रस्तुति

प्रस्तुत है *सहज गीता—श्रीमद् भगवद् गीता* का सहज संस्कृत पाठ और सहज हिंदी अनुवाद.

गीता या *श्रीमद्भगवद्गीता* महर्षि वेद व्यास के महाकाव्य *महाभारत* का एक छोटा सा अंश है. लेकिन प्राचीन काल से ही *गीता* को एक स्वतंत्र ग्रंथ का दरजा प्राप्त है. *गीता* को तमाम उपनिषदों का सार कहा गया है. इस में प्राचीन भारतीय चिंतन की मुख्य धाराओं का प्रतिनिधित्व है. *गीता* में ज्ञान विज्ञान पर अपने समय के चिंतन के सर्वाधिक प्रगतिशील और उत्कृष्ट तत्त्व मिलते हैं. उस में सृष्टि रचना, संसार, दर्शन, मनोविज्ञान, कर्म आदि विषयों पर जो विवेचन और विचार प्रकट किए गए हैं, उन में से कई आधुनिकतम वैज्ञानिक चिंतन के समकक्ष हैं.

गीता वेदों से ऊपर है. वेदों को अपौरुषेय कहा गया है—यह मान्यता है कि वेदों की रचना आदमी ने नहीं की, उन के मंत्र ऋषियों ने रचे नहीं हैं, बल्कि वे मंत्र ऋषियों पर भगवान ने प्रकट किए. इस के विपरीत *गीता* के श्लोक किसी ऋषि पर प्रकट नहीं हुए थे, बल्कि स्वयं भगवान के अपने मुँह से निकले थे. *गीता* में संजय गवाही देता है कि व्यास की कृपा से स्वयं उस ने साक्षात कृष्ण को यह उपदेश देते देखा और सुना है.

इसी प्रकार *गीता* तमाम उपनिषदों से ऊपर है. उपनिषदों में गुरु शिष्य के संवाद वनों और आश्रमों के एकांत में हुए. *गीता* में गुरु कृष्ण और शिष्य अर्जुन का संवाद जीवन के कुरुक्षेत्र में अट्ठारह अक्षोहिणी सेना के बीच भीष्म पितामह जैसों की उपस्थिति में हुआ. उसे सारा जग देख और सुन रहा था. अतः आश्चर्य नहीं कि तमाम प्राचीन धर्म ग्रंथों में से हिंदुओं के लिए *गीता* सर्वोच्च धर्म ग्रंथ है. वह एक ऐसा ग्रंथ

है जिस का पारायण कर के व्यक्ति अपने धर्म और कर्तृत्व का निर्धारण कर सकता है.

गीता के अनगिनत अनुवादों और भाष्यों के बावजूद आज ऐसे संस्करण उपलब्ध नहीं हैं जो आम आदमी को *गीता* पढ़ने में और उस के उपदेशों के बारे में निजी राय क़ायम करने में बहुत सहायता दे सकें. हालत यह है कि आम आदमी न तो *गीता* का मूल संस्कृत पाठ पढ़ पाता है, न उस के अधिकतर अनुवादों की उलझी भाषा के कारण उस के श्लोकों के अर्थ समझ पाता है.

पाठकों को कठिनाइयाँ दूर करने के लिए यह सहज संस्करण एक साथ दो काम करता है :

◊ इस में *गीता* के मूल संस्कृत पाठ को आम आदमी की सुविधा मात्र के लिए एक बिलकुल नई और सहज शैली में लिखा गया है. इस शैली के कारण संस्कृत के श्लोकों का पढ़ना काफ़ी हद तक सहज हो गया है, कहीं भी *गीता* के प्रवाह में व्यवधान नहीं आया है और न कहीं किसी प्रकार संस्कृत व्याकरण की हानि हुई है.

◊ इस में *गीता* के श्लोकों का हिंदी गद्य अनुवाद सीधे सादे और छोटे छोटे वाक्यों में किया गया है. भाषा आसान, आधुनिक और ग़ैर-पंडिताऊ है

सहज संस्कृत पाठ

अगर हमें प्राचीन ग्रंथों को आज के आम हिंदी पाठक तक पहुँचाना है, तो न केवल हमें उन के सहज हिंदी अनुवाद करने होंगे, बल्कि उन का मूल पाठ भी आम आदमी के लिए सुगम बनाना होगा. *गीता* के संदर्भ में यह आवश्यकता और भी अधिक है.

गीता संस्कृत के मधुरतम ग्रंथों में से है. वह एक ऐसा गीत है जो स्वयं भगवान कृष्ण ने गाया था. इस के श्लोक गाने के लिए रचे गए हैं. लेकिन गाना तो दूर, आज कितने *गीता* प्रेमी हैं जो उस के श्लोकों का सही पाठ तक कर सकें? मैं ने बहुत से भक्तों को निकट से देखा है. उन्हों ने *गीता* का नित्य पाठ करने का नियम बना रखा है. मुँह ही मुँह वे अगड़म बगड़म ध्वनियाँ निकालते रहते हैं. इस में दोष उन का नहीं है.

प्रस्तुति

क्या आप नीचे लिखी हिंदी की दो अत्यंत प्रसिद्ध काव्य पंक्तियाँ पढ़ और समझ सकते हैं?

अयिदयामयिदेविसुखदेसारदे
इधरभीनिजवरदपाणिपसारदे

नहीं न! इस का कारण यह नहीं है कि हिंदी कोई बहुत कठिन भाषा है या आप को हिंदी नहीं आती. इस का एकमात्र कारण यह है कि इन पंक्तियों में पृथक् शब्दों को अलग अलग नहीं बल्कि मिला कर लिखा गया है.

आजकल शब्दों को अलग अलग लिखने का चलन है. हर दो शब्दों के बीच ख़ाली जगह छोड़ दी जाती है. इस से लाभ यह होता है कि पाठक एक एक शब्द को अलग अलग पढ़ता है. पढ़ते पढ़ते उस का मस्तिष्क एक एक शब्द की ध्वनि और अर्थ को आसानी से आत्मसात करता रहता है.

पुराने ज़माने में शब्दों के बीच ख़ाली जगह छोड़ने का चलन नहीं था. हिंदी की कोई प्राचीन हस्तलिखित पोथी देखने का अवसर मिले तो आप पाएँगे कि उस में पंक्ति के सब शब्दों को आपस में मिला कर लिखा गया है. ऐसी पुस्तकों को पढ़ना टेढ़ी खीर होता था. इस से पहले कि दिमाग़ किसी वक्तव्य का अर्थ समझ पाए, आँखों को शब्दों के व्यक्तित्व और आकार की पहेली हल करनी पड़ती थी. पता ही नहीं चलता था कि एक शब्द कहाँ ख़त्म हुआ और दूसरा कहाँ शुरू.

ऊपर वाली दानों पंक्तियाँ राष्ट्रकवि मैथिली शरण गुप्त के अत्यंत लोकप्रिय काव्य *साकेत* के प्रथम सर्ग की पहली दो पंक्तियाँ हैं. इन का वास्तविक रूप है :

अयि दयामयि देवि सुखदे सारदे
इधर भी निज वरद पाणि पसार दे

अब आप ने देखा शब्दों के बीच ख़ाली जगहें न हों तो हिंदी पढ़ना संस्कृत पढ़ने से कोई बहुत ज़्यादा आसान नहीं है.

शब्दों को मिला कर लिखने की शैली संस्कृत भाषा में इस से कहीं अधिक जटिल है. संधि और समास मिल कर संस्कृत को एक दुरूह भाषा बना देते हैं.

संधि के अंतर्गत जब शब्दों को जोड़ा जाता है तो पहले शब्द की अंतिम और दूसरे शब्द आरंभिक ध्वनियाँ आपस में मिल जाती हैं और अकसर उन का एक नया

रूप बन जाता है. यह परिवर्तन या विकार व्याकरण के कुछ सुनिश्चित नियमों के अधीन होता है. ये नियम संस्कृत और हिंदी में एक से हैं. हिंदी में संधि और समास का प्रचलन कम होता जा रहा है, इस लिए हम इन नियमों को भूलते जा रहे हैं.

गीता में से ही संधि के दो तीन आसान से उदाहरण देखिए :

विषय+इन्द्रिय	=	विषयेन्द्रिय
आत्मनि+एव	=	आत्मन्येव
तत्+श्रुत्वा	=	तच्छ्रुत्वा

समास में दो या अधिक शब्दों के अर्थों के बीच संबंध स्थापित करने के लिए उन के बीच में से विभक्तियाँ निकाल दी जाती है और शब्दों को मिला कर लिख देते हैं. जैसे—

कुरुओं का क्षेत्र	=	कुरुक्षेत्र
धर्म का क्षेत्र	=	धर्मक्षेत्र
अनन्य है चेतना जिस की	=	अनन्यचेता
सुख और दुःख	=	सुखदुःख

यह ज़रूरी नहीं है कि समास करते समय संधि भी करना पड़ती हो. आप ने देखा कि ऊपर दिए गए उदाहरणों में शब्दों को मिला कर लिखा गया है. लेकिन उन के बीच की ध्वनियों में संधि की आवश्यकता नहीं पड़ी.

कई बार ऐसा होता है कि समास करते समय संधि भी करनी पड़ती है. दो बिलकुल आंसान से उदाहरण देखिए :

शीत और उष्ण	=	शीतोष्ण
जीत लिया है आत्मा को जिस ने	=	जितात्मा

संधि और समास के कारण संस्कृत में शब्दों की लंबी लंबी शृंखलाएँ बनती चली जाती हैं :

शीत और उष्ण में, सुख और दुःख में	=	शीतोष्णसुखदुःखेषु
ज्ञान विज्ञान से तृप्त हो गई है आत्मा जिस की	=	ज्ञानविज्ञानतृप्तात्मा

प्रस्तुति

ये शब्द शृंखलाएँ लंबी और लंबी होती चली जाती हैं :

युञ्ज्यात्+योगं+आत्म+विशुद्धये = युञ्ज्याद्योगमात्मविशुद्धये

बढ़ते बढ़ते यह शृंखला कई बार पूरी एक पंक्ति बन जाती है. उदाहरण के लिए *गीता* के अठारहवें अध्याय के अड़तीसवें श्लोक की पहली पंक्ति देखिए :

विषयेन्द्रियसंयोगाद्यत्तदग्रेऽमृतोमम्

हमारा अनभ्यस्त मन ऐसी पंक्ति को ग्रहण करने से इनकार कर देता है क्यों कि वह इस के अनेक घटकों को स्वतंत्र रूप से ग्रहण नहीं कर पाता.

आहिस्ता आहिस्ता, रुक रुक कर, इस के एक एक अक्षर पर आँख टिका कर, उस का उच्चारण करते हुए आगे बढ़ें, तो इस पंक्ति को पढ़ा जा सकता है. इस का सस्वर पाठ भी किया जा सकता है. लेकिन मेरे और आप जैसे साधारण जनों के लिए यह भारी काम है.

कुछ लोगों का कहना है कि व्याकरण की ऐसी ही पेचीदगियों ने संस्कृत भाषा को जन साधारण से दूर कर दिया. परिणाम यह हुआ कि संस्कृत में ज्ञान विज्ञान का जो विशाल भंडार है, वह जनता की पहुँच से बाहर होता चला गया.

हम अब ऐसा क्या कर सकते हैं कि एक बार फिर पाठक संस्कृत के नज़दीक पहुँच सके? सब से अच्छा रास्ता तो यही है कि पाठक एक बार फिर संस्कृत का पंडित बन जाए. लेकिन यह रास्ता आज संभव नहीं मालूम पड़ता. हम कितनी ही कोशिश करें, अब आम आदमी संस्कृत नहीं पढ़ेगा.

दूसरा रास्ता यह है कि स्वयं संस्कृत आज के पाठक के पास किसी सहज सुलभ रूप में पहुँचे.

स्पष्ट है कि सहजीकरण की किसी भी प्रकिया में हम संस्कृत की शब्दावली और उस के व्याकरण को नहीं बदल सकते. न ही हम संधि और समास के नियमों से छुट्टी पा सकते हैं. वे संस्कृत की रचना प्रक्रिया का अभिन्न अंग हैं.

साथ ही यह भी स्पष्ट है कि आज के पाठक की अनभ्यस्त आँखें ऐसी दुरूह पंक्तियों को नहीं पढ़ सकतीं.

अगर संस्कृत की ऐसी पंक्तियों को आम आदमी से पढ़वाना है तो उन्हें नागरी

लिपि में इस प्रकार लिखना होगा कि जहाँ तक संभव हो वहाँ पाँच छः वर्णों के बाद पाठक की आँख को कोई राहत मिल जाए–या तो उसे दो शब्दों के बीच में ख़ाली जगह मिल जाए या कोई ऐसा चिह्न आ जाए कि उस की आँख को टिकने का अवसर मिल जाए और वह उन शब्दों को आसानी से पढ़ सके. यह सब इस प्रकार करना होगा कि मूल संस्कृत पाठ की ध्वनियों में कहीं परिवर्तन न हो, व्याकरण के सभी नियमों का पालन हो और संस्कृत की शब्द संपदा के साथ खिलवाड़ न हो

इस पंक्ति को पाठक से पढ़वाने का एक सहज रास्ता यह है कि हम इस की संधियों और समासों का विग्रह कर दें. तब हमें यह ऐसी मालूम पड़ेगी :

विषय इन्द्रिय संयोगात् यत् तत् अग्रे अमृत उपमम्
(विषय और इंद्रिय के संयोग से जो है वह आरंभ में अमृत के समान है.)

इस प्रकार लिखें तो यह पंक्ति पढ़ने में आसान हो जाती है. लेकिन *गीता* के मूल श्लोक में अनेक दोष पैदा हो जाते हैं.

हर आदमी जानता है कि कविता की हर पंक्ति का अपना एक वज़न होता है, भार होता है. उस में अपना एक तरन्नुम होता है, उतार चढ़ाव होता है. *गीता* महर्षि वेद व्यास जैसे महाकवि की रचना है. इसे उन्हों ने भगवान कृष्ण के मुख से निकले गीतमय उपदेश के तौर पर रचा है. इस में उन का काव्य सौष्ठव अपने चरमोत्कर्ष पर है. इस के एक भी शब्द को बदलने से या ध्वनि के क्रम में परिवर्तन लाने से बड़ा अनर्थ हो सकता है. अतः आज के पाठक के लिए *गीता* के श्लोकों का सहज संस्करण करने के नाम पर न तो इस के किसी शब्द का रूप बिगाड़ा जा सकता है न इस के उतार चढ़ाव में परिवर्तन किया जा सकता है.

ऊपर संधि समास विच्छेद कर के *गीता* की पंक्ति को जिस प्रकार लिखा गया है वह पढ़ने में कितनी ही आसान हो, उस से छंद को बहुत भारी नुक़सान पहुँचा है. आप स्वयं देखें :

मूल ध्वनि	**विकृत ध्वनि**
विषयेन्द्रिय	विषय इंद्रिय
संयोगाद्यत्	संयोगात् यत्
तदग्रेऽमृतोपमम्	तत् अग्रे अमृत उपमम्

प्रस्तुति

गीता के श्लोक के प्रवाह में इतना परिवर्तन पूरी तरह अस्वीकार्य है.

संस्कृत ही नहीं अन्य अनेक भाषाएँ हैं, जहाँ संधि अनिवार्य है. उदाहरण के लिए आधुनिक फ्रांसीसी भाषा. अंतर केवल इतना है कि संस्कृत में संधिगत ध्वनियों को आपस में मिला कर लिखने का नियम है, जब कि आधुनिक फ्रांसीसी भाषा में सब शब्द अलग अलग लिखे जाते हैं. बोलते समय पाठक उन की संधि करता जाता है और संधिगत ध्वनियों का संयुक्त उच्चारण करता रहता है.

मूल संस्कृत पाठ का सहज संस्करण बनाने के लिए संस्कृत और फ़्रांसीसी भाषाओं के बीच का एक तीसरा रास्ता भी हो सकता है.

जैसा कि मैं ने पहले भी कहा–हम यह तो चाहते ही हैं कि *गीता* के श्लोकों को पढ़ना आसान हो जाए, पर इस के साथ साथ हम यह भी चाहते हैं कि उन की मूल ध्वनियाँ जैसी की तैसी बनी रहें, छंद के प्रवाह में कहीं परिवर्तन न हो, और संस्कृत के व्याकरण और उस की शब्द संपदा के साथ खिलवाड़ न हो.

इन सब पाबंदियों को पूरी तरह निबाहते हुए, अब हम उसी पंक्ति को इस तरह लिखते हैं :

विषयेन्द्रिय-संयोगाद् यत् तद् अग्रेऽमृतोपमम्

इस तरह लिखने की शैली को हम 'सहज संस्कृत शैली' कह सकते हैं. इस में संधि और समास का वैयाकरणिक विग्रह नहीं किया गया है, बल्कि उन के आधार पर यथासंभव तथा यथोचित स्थानों पर समीचीन ध्वनि विच्छेद किया गया है. इस ध्वनि विच्छेद का, और कहीं कहीं बीच में डाले गए हाइफ़न आदि चिह्नों का, उद्देश्य मात्र इतना है कि शब्दों के बीच में ख़ाली जगह छोड़ने की गुंजाइश निकाली जा सके. जहाँ यह गुंजाइश न मिले, वहाँ आधुनिक पाठक की आँख को राहत देने के लिए कोई चिह्न डाला जा सके.

सिर्फ़ उच्चारण की सहजता का ध्यान रखना हो, तो किसी भी शब्द को कहीं से भी मन माने तौर पर तोड़ कर ध्वनि विच्छेद किया जा सकता है. लेकिन वैसा करना भाषा के साथ खिलवाड़ करना होगा.

उदाहरण के लिए 'विषयेन्द्रिय' या 'तच्छुत्वा' को लीजिए. इन्हें 'विषय् एन्द्रिय' या 'तच् छुत्वा' लिखें तो हम छंदों का सही सही पाठ कर सकते हैं. पर संस्कृत भाषा के शब्दों को इस प्रकार बिगाड़ कर हम कुछ भी हासिल नहीं कर सकते.

सहज गीता

संस्कृत में न तो किसी प्रकार 'विषय्' बन पाता है ('विषय' शब्द के किसी भी रूप में या किसी भी संधिगत विकार से 'विषय्' प्राप्त नहीं होता), न ही कोई 'एन्द्रिय' शब्द बनता है. 'श' के साथ संधि होने पर 'तत्' के 'त्' का 'च्' और 'श्रुत्वा' के 'श्' का 'छ्' अवश्य हो जाता है लेकिन 'छुत्वा' का कोई स्वतंत्र आधार नहीं है. 'एन्द्रिय' और 'छुत्वा' शब्दों को किसी सहज पाठ में देख कर अनभिज्ञ पाठक को संस्कृत शब्द संपदा के बारे में ग़लत अनुमान होगा, और संस्कृत ज्ञाताओं की भावनाओं को ये विकृत और आधारहीन शब्द ठेस पहुँचाएँगे. इन में से कोई भी प्रतिक्रिया हमें वांछनीय नहीं है. हमारी इच्छा तो बस यही है कि आज पाठक संस्कृत से कतराना बंद कर दे. वह संस्कृत के नज़दीक आए, उसे पसंद करे, उस के ग्रंथों का आनंद ले, और धीरे धीरे शास्त्रीय संस्कृत की ओर आकर्षित हो.

सहज गीता में ध्वनि विच्छेद बस वहीं किया गया है : जहाँ वह पूरी तरह व्याकरणसम्मत था, जहाँ केवल पहले शब्द की अंतिम ध्वनि के संधिगत विकार को बरक़रार रख कर काम चल सकता था, और जहाँ दूसरे शब्द की पहली ध्वनि में विकार नहीं होता. एक दो उदाहरण प्रस्तुत हैं.

गीता के पहले अध्याय के २१ वें श्लोक में यह शब्द समूह आता है :

सेनयोरुभयोर्मध्ये

इस का संधि विग्रह और ध्वनि विकार क्रमशः इस प्रकार हैं :

सेनयोः + उभयोः + मध्ये
सेनयोर् + उभयोर् + मध्ये

संधि करते समय 'सेनयोः' और 'उभयोः के विसर्गों का रेफ अर्थात 'र्' हो जाता है, जिसे हम हिंदी में 'आधा र' कहते हैं. यह 'र्' अपने सामने वाले शब्दों की प्रारंभिक 'उ' ध्वनियों के साथ मिल कर पहली बार 'रु' बन जाता है, और दूसरी बार 'म' के ऊपर का जा कर 'र्म' लिखा जाता है. हम इस विकार यानी विसर्ग के नए रूप 'र्' को यथावत् स्वीकार कर लेते हैं, क्यों कि यहाँ समास के लिए उन में संबंध स्थापना की आवश्यकता नहीं है, और उन्हें अलग लिखना व्याकरण के नियमों के अनुरूप भी है. अब हमें इस शब्द समूह का निम्न रूप मिलता है :

सेनयोर् उभयोर् मध्ये

प्रस्तुति

इसे पढ़ने में कोई दिक़्क़त नहीं है. इस रूप से न शब्द ग़लत ढंग से टूटते हैं, न व्याकरण को चोट पहुँचती है, न छंद भंग होता है.

इस प्रकार के कुछ और उदाहरण देखिए :

मूल *गीता* में	**संधि विग्रह**	***सहज गीता* में**
पाण्डवाश्चैव	पाण्डवाः च एव	पाण्डवाश् चैव
प्राणांस्त्यक्त्वा	प्राणान् त्यक्त्वा	प्राणांस् त्यक्त्वा
पापादस्मान्निवर्तितुम्	पापात् अस्मात् निवर्तितुम्	पापाद् अस्मान् निवर्तितुम्
प्रवदन्त्यविपश्चितः	प्रवदन्ति अविपश्चितः	प्रवदन्त्य् अविपश्चितः

ये सब उदाहरण ऐसे हैं जहाँ शब्द शृंखलाओं को सहज पठनीय शब्दों या शब्द समूहों में विभाजित करने के लिए ध्वनि विच्छेद करना अपेक्षाकृत आसान था. इन में समास और संधि एक साथ उपस्थित नहीं थे.

संस्कृत में अकसर विशेषण और विशेष्य को मिला कर एक शब्द बना दिया जाता है. फिर उसे एक शब्द मान कर उस के रूप चलाए जाते हैं. ऐसे स्थलों पर अगर हम उन शब्दों को, विशेषण और विशेष्य को, अलग अलग कर दें, तो संस्कृत के व्याकरण की हानि होती है—क्यों कि अलग अलग रखे होने पर विशेषण में अपनी विभक्ति का लगना आवश्यक होता है. इसी प्रकार की कई अन्य व्याकरणीय समस्याएँ हैं जिन के कारण समास का विच्छेद करना अनुचित हो जाता है. अगर विच्छेद न करें तो कई बार इतने सारे वर्ण इकट्ठा हो जाते हैं कि हिंदी पाठक के लिए उन से जूझना कठिन हो जाता है.

इस संकट से उबरने के लिए आजकल हमारे पास हाइफ़न का चिह्न है. इसे समासों के बीच में डाल कर हम किसी भी लंबी शब्द शृंखला को छोटे छोटे सहज खंडों में विभक्त कर सकते हैं. इस से पाठक की आँख को राहत के स्थान मिल जाते हैं और व्याकरण की आत्मा की भी रक्षा हो जाती है.

इस प्रकार के कुछ उदाहरण प्रस्तुत हैं :

पाण्डु-पुत्राणाम्
द्रुपद-पुत्रेण
नाना-शस्त्र-प्रहरणाः

कुल-क्षय-कृतम्
उत्सन्न-कुल-धर्माणाम्
राज्य-सुख-लोभेन

संस्कृत के अपने कई ऐसे चिह्न हैं जो स्वाभाविक रूप से शब्दों के बीच उपस्थित होते हैं. इस से भी हमारा काम आसान हो जाता है.

इन में से एक चिह्न है विसर्ग (ः). विसर्ग का उपयोग संस्कृत में महाप्राण उच्चारण के संकेत के तौर पर किया जाता है. जैसै : सर्वः. इस में हमें 'सर्व' के 'व' के बाद 'ह' का हल्का सा पुट देना होता है. कई बार यह चिह्न समासगत शब्दों के बीच में आ जाता है :

नभःस्पृशम्

यहाँ बीच में हाइफ़न डालना न तो उचित है, न संभव ही. अगर डालेंगे तो यह कोलन डैश जैसा मालूम पड़ेगा :- . इस की ज़रूरत भी नहीं है, क्यों कि विसर्ग के ये दो बिंदु हमारी आँखों को कुछ राहत तो दे ही रहे हैं.

इसी प्रकार का एक चिह्न है—*प्लुत* या *गुरु* का चिह्न (ऽ). संस्कृत में यह ए' या ओ' की मात्राओं वाले उन शब्दांतों में मिलता है जहाँ अगला शब्द 'अ' से शुरु हो रहा हो, लेकिन 'अ' का लोप दर्शाना अभिप्रेत हो. जैसे :

अग्रेऽमृतोपमम्
ईश्वरोऽपि

यह चिह्न भी हम जैसे पाठकों की आँखों को राहत देने का काम करता है. कई बार तो यह बड़े आड़े वक़्त काम आता है. एक उदाहरण देखिए :

श्रद्धावन्तोऽनसूयन्तो

इन चिह्नों के बावजूद कभी कभी लंबे शब्द समूह उपस्थित हो जाते हैं. उन्हें घटकों में बाँटने का कोई सहज और स्वीकार्य रास्ता नज़र नहीं आता. अगर उन शब्द शृंखलाओं को टुकड़ों में न बाँटें, तो पढ़ने मे सहजता प्राप्त नहीं होती. यह समस्या अधिकतर ऐसी जगहों पर पैदा होती है जहाँ दो स्वर आपस में मिल कर एक संयुक्त

प्रस्तुति

दीर्घ स्वर को जन्म देते हैं—

इन्द्रियाणि + इन्द्रियार्थेभ्यः	=	इन्द्रियाणीन्द्रियार्थेभ्यः
वर्त्म + अनुवर्तन्ते	=	वर्त्मानुवर्तन्ते
इन्द्रियस्य + इन्द्रियार्थे	=	इन्द्रियस्येन्द्रियार्थे
यज्ञेनैव + उपजुह्वति	=	यज्ञेनैवोपजुह्वति

ऐसी संधि वाले शब्द समूहों को टुकड़ों में बाँटने के लिए हमें ध्वनि विच्छेद से कोई ऐसी सहायता नहीं मिलती जो हमारी मूल आवश्यकता को पूरा कर सके, जो *गीता* की मूल ध्वनियों की और छंद की रक्षा करे और इन्हें पढ़ने में सहज बना सके.

ऐसे स्थलों पर आँखों को राहत देने के लिए मैं ने डबल प्लुत के चिह्न (ऽऽ) का उपयोग किया है. यह प्रयोग कोई नया नहीं है. दीर्घ अकार (आ) वाली संधियों के अवसर पर इस का प्रयोग पहले से चला आता है. उदारणार्थ : शंकराचार्य का *गीता भाष्य* और स्वामी दयानंद सरस्वती का *सत्यार्थ प्रकाश*. मैं ने इस डबल प्लुत के उपयोग क्षेत्र का विस्तार कर दिया है, और अनेक अवसरों पर इस की सहायता ली है. जैसे :

वर्त्माऽऽनुवर्तन्ते
इन्द्रियाणीऽऽन्द्रियार्थेभ्यः

जहाँ तक संभव था वहाँ शब्दों के बीच ख़ाली जगह छोड़ने का, और जहाँ यह संभव नहीं था, वहाँ आवश्यकता पड़ने पर शब्दों के बीच में कोई चिह्न लगाने का उद्देश्य बस इतना है कि पाठक संस्कृत भाषा से कतराना बंद कर दे. वह *गीता* जैसे अपने प्रिय ग्रंथों को स्वयं पढ़े, शौक़ से पढ़े. लंबी लंबी शब्द शृंखलाएँ आएँ तो डरे नहीं, ऊबे नहीं, उन्हें पढ़ ले.

इसी उद्देश्य से *गीता* से इस सहज संस्करण में *गीता* के तमाम श्लोकों को इस शैली में उतारा गया है. इस से—

◊ कहीं किसी श्लोक की किसी ध्वनि में कोई दोष नहीं आया है.
◊ किसी श्लोक का छंद नहीं टूटा है, प्रवाह और उतार चढ़ाव नहीं बदला है.

◊ कहीं किसी शब्द का आरंभिक रूप नहीं बदला है.
◊ संस्कृत की शब्द संपदा के साथ खिलवाड़ नहीं हुई है.
◊ व्याकरण का कोई नियम भंग नहीं हुआ है.

मुझे पूरा विश्वास है कि इस शैली की सहायता से आप *गीता* के मधुर श्लोकों का पाठ अपने आप स्वयं वैसा ही कर सकेंगे जैसा कि महाकवि महर्षि वेद व्यास ने उन्हें रचा है.

सहज हिंदी अनुवाद

गीता ही नहीं, सभी प्राचीन दार्शनिक और धर्म ग्रंथों के, ऐसे अनुवाद बहुत कम मिलते हैं—जिन में व्याख्या न हो, भाष्य न हो. जो मात्र अनुवाद हों, शुद्ध अनुवाद हों. सच्चे हों और खरे हों. ऐसे अनुवाद हों जो महान ऋषियों, दार्शनिकों, पैग़ंबरों की वाणी को तोड़ें मरोड़ें नहीं, बल्कि जैसे का तैसा सामने रख दें—सच्चे दुभाषिए की तरह. और इस साथ ही साथ वे एक ऐसी आधुनिक और सहज भाषा में हों जिसे आज का आम आदमी आसानी से समझ सके.

गीता का यह सहज संस्करण इस दिशा में एक प्रयास है.

इस संस्करण के लिए *गीता* के श्लोकों का हिंदी अनुवाद करते समय मुख्य उद्देश्य यह रहा है कि पाठक हिंदी वाक्यों की लंबाई में न उलझ जाए. वह *गीता* के मूल भाव को आसानी से ग्रहण कर सके. *गीता* के अर्थ को वैसा ही पेश करने की कोशिश की गई जैसा कि मूल रचनाकार ने लिखा है. अनुवादक की किसी निजी मान्यता को अनुवाद पर हावी नहीं होने दिया गया है. अनुवादक मात्र दुभाषिए का काम करता है—न इस से अधिक और न इस से कम.

हिंदी में *गीता* के बहुत सारे अनुवाद हुए हैं. उन में कुछ पद्य में हैं, अधिकांश गद्य में हैं. उन सब ने *गीता* को जन साधारण तक पहुँचाने में महत्वपूर्ण योगदान किया है. फिर भी मुझे हमेशा से यह लगता रहा है कि *गीता* के अनुवादों में कुछ और भी होना चाहिए था जो पाठक को और अधिक संतोष दे सके.

पद्य में अनुवाद के लिए *गीता* एक बहुत कठिन काव्य है. उस के श्लोक सुगठित हैं. एक एक श्लोक में बड़े संक्षेप के साथ और आकर्षक ढंग से बहुत सारी बातें कह दी गई हैं. श्लोकों में एक अनोखी मार्मिकता है. रहस्यपूर्ण विरोधाभास है.

प्रस्तुति

इन श्लोकों की टक्कर के छंदों में, जिन की संख्या कुल सात सौ तक सीमित हो, *गीता* के श्लोकों की मार्मिकता और संक्षिप्तता की रक्षा करते हुए उस का काव्य अनुवाद कर पाना नितांत असंभव है. और अगर एक श्लोक का अनुवाद कई कई छंदों में किया जाए, तो वह सुगठितता ख़त्म हो जाएगी जिस के लिए *गीता* उल्लेखनीय है.

यही कारण है कि अनेक अच्छे पद्यानुवादों के बावजूद, कोई भी जन सम्मत नहीं हो पाया है.

इस से भी अधिक खेद की बात यह है कि *गीता* के अधिकांश गद्य अनुवाद वांछित संतोष नहीं दे पाते. इस के अनेक कारण हैं—

कई अनुवाद दार्शनिकों, विचारकों, समाज सुधारकों या राष्ट्रनेताओं ने किए. वे अनुवाद कम हैं, भाष्य अधिक हैं. उन में अनुवादक अनुवाद कम करता है, अपने निजी मत का प्रचार और प्रसार ज़्यादा. वह *गीता* के श्लोकों में अपने मत का समर्थन ढूँढ़ता नज़र आता है. उस के शब्दों के अर्थ को तोड़ मरोड़ कर वह अपने मत को *गीता* का मत सिद्ध करने पर तुल जाता है. अंततः होता यह है कि वह *गीता* पर अपना मत आरोपित कर देता है. वह अपना जीवन दर्शन वासुदेव कृष्ण पर थोप देता है. महर्षि वेद व्यास और पाठक के बीच पुल बनने के बजाए वह दीवार बन कर खड़ा हो जाता है.

कई बार अनुवादक अपने की अच्छा हिंदू मानता है, और *गीता* को विश्व के अन्य सब धर्म ग्रंथों से बेहतर सिद्ध करने पर तुल जाता है, या वह अन्य धर्म वालों को यह बताने में लग जाता है कि तुम्हारे और हमारे धर्म में अमुक समानता है. वह बस एक काम नहीं करता—वह ऐसा कुंठाहीन अनुवाद नहीं करता जो प्राचीन को आधुनिक के समक्ष खड़ा कर सके.

मैं समझता हूँ कि अनुवाद बस अनुवाद रहना चाहिए, उसे भाष्य या टीका नहीं बन जाना चाहिए. आज ज़रूरत इस बात की है कि *गीता* जैसे प्राचीन और महान ग्रंथों के भाव उसी भावना के साथ आम आदमी तक पहुँचें जिस भाव के साथ मूल लेखक ने उन्हें अभिव्यक्त किया था. तभी आज का पाठक उन्हें अपनी बुद्धि या श्रद्धा की कसौटी पर कस कर अपने निजी अर्थ निकाल सकता है. महर्षि व्यास जैसे रचेताओं को न किसी की पैरवी की ज़रूरत होती है, न किसी के समर्थन की.

सहज गीता में मैं ने अपने आप को मात्र अनुवाद तक सीमित रखा है, अपनी

किसी धार्मिक या दार्शनिक मान्यता को, किसी समर्थन या विरोध को, *गीता* और पाठक के बीच में नहीं आने दिया है.

गीता के बहुत से हिंदी अनुवाद तब हुए थे जब खड़ी बोली की आधुनिक गद्य शैली का विकास आरंभ हुआ था. इन में से अनेक अनुवाद उन लोगों ने किए थे जो पेशेवर धार्मिक प्रवचनकर्ता, पंडित और पुरोहित थे. आज का हिंदी पाठक पुराने ज़माने का धार्मिक कथा प्रवचन सुनने वाला नहीं है. उसे उन पुराने अनुवादों की भाषा पंडिताऊपन के बोझ से दबी मालूम पड़ती है.

अधिकांश अनुवादों में मुझे एक बड़ी कमी खलती रही है. उन में संस्कृत के एक वाक्य को हिंदी के एक वाक्य में उतारने की नाकाम कोशिश की जाती रही है. अनुवादक यह भूल जाता है कि संस्कृत और हिंदी वाक्य रचना में बहुत अंतर है. संस्कृत में एक विशेषण या क्रिया विशेषण कई बार उतना सब बड़ी आसानी से कह देता है जो बोलचाल की हिंदी में कोशिश करने पर एक वाक्य में नहीं कहा जा सकता. कोशिश करो तो एक वाक्य में अनेक उपवाक्य बनाने पड़ते हैं. अनेक उपवाक्यों से लदी भाषा बोझिल बन जाती है. ऐसे उलझे वाक्यों को पढ़ना और समझना कठिन हो जाता है.

संसार में कोई भी पाठक ऐसा नहीं है जो अपनी भाषा के सब शब्दों के अर्थ जानता हो. शब्दों का अर्थ मालूम करना कठिन नहीं होता, कठिन होता है कठिन वाक्यों को पढ़ना. मेरा अपना अनुभव है कि भाषा की बोझिलता, विशेषकर हिंदी की बोझिलता, तथाकथित कठिन या संस्कृतनिष्ठ शब्दों से नहीं होती. वह दुरूह वाक्य रचना से होती है.

किसी संस्कृत रचना का ऐसा हिंदी अनुवाद पढ़ कर पाठक को यह भ्रम हो जाना स्वाभाविक है कि मूल संस्कृत रचना भी इतनी ही बोझिल होगी. *गीता* के अनेक हिंदी अनुवादों में यही कमी पाई जाती है.

इस अनुवाद में वाक्यों को सहज और सरल रखने की कोशिश की गई है. यह ध्यान रखा गया है कि एक ही वाक्य में बहुत सारे भाव न पिरोए जाएँ. अगर कभी ऐसा करना पड़े तो वाक्य विन्यास इस प्रकार किया जाए की एक के बाद एक भाव को पाठक आसानी से ग्रहण कर सके.

गीता के किसी श्लोक में विचार के उद्‌घाटन और विकास का जो क्रम है, *सहज गीता* में यथासंभव उसी का अनुपालन किया गया है. कोशिश की गई है कि

प्रस्तुति

किसी श्लोक में जो पहला विचार है, वह हिंदी अनुवाद में भी पहला विचार हो, और संस्कृत श्लोक का अंतिम विचार अनुवाद में भी अंतिम हो, ताकि अगले श्लोक के अनुवाद से उस की संगति बैठ सके.

गीता एक दार्शनिक ग्रंथ है. उस में भारतीय दर्शन के अनेक पारिभाषिक शब्द भरे पड़े हैं. उन में से बहुत से शब्द ऐसे हैं जो आज रोज़मर्रा की हिंदी में बोले जाते हैं. लेकिन समय के प्रवाह में उन का अर्थ थोड़ा बहुत बदल दिया है. यह अर्थांतर स्पष्ट किए बिना ग़लतफ़हमी का संभावना रहती है. ऐसे पारिभाषिक शब्दों का अभीष्ट अर्थ स्पष्ट करने के लिए मैं ने कई बार एक वाक्यांश या आवश्यकता पड़ने पर एक पूरा वाक्य लिख दिया है. उन का अर्थ और अधिक स्पष्ट करने के लिए कई बार अनेक पर्यायवाची या समांतर शब्द लिख दिए है. लेकिन ऐसे पारिभाषिक शब्दों की व्याख्या कहीं पर भी फ़ुटनोट में नहीं की है. फ़ुटनोट पढ़ना कोई आसान काम नहीं होता, और उसे पढ़ने से विचार क्रम टूट जाता है.

जहाँ किसी एक श्लोक या शब्द के कई अर्थ संभव थे, वहाँ वे सब लिख देने से पाठक के भ्रमित होने की संभावना थी. ऐसे अवसरों पर केवल वही एक अर्थ लिखा गया है जिसे महान विद्वानों ने संस्कृत भाषा के कोशों में स्वीकृति दी है या जो संदर्भ विशेष में मुझे सही लगा.

गीता में कई स्थानों पर (जैसे, तेरहवें और सोलहवें अध्यायों में) बहुत सी चीज़ें गिनवाई गई हैं. ऐसे स्थलों पर पाठक की सहायता के लिए मैं ने क्रम संख्या डाल दी है. यह इस लिए किया है कि इन स्थलों पर उन चीज़ों के अर्थ स्पष्ट करने के लिए कई बार अनेक पर्यायवाची शब्द लिखने पड़े हैं. अगर क्रम संख्या न डाली जाती तो पाठक के भ्रमित होने की संभावना थी.

१२ अगस्त २०००

सी-१८, चंद्र नगर
गाज़ियाबाद–२०१०११

कृपया ध्यान दें:

सहज गीता के सहज संस्कृत पाठ का पूरा पूरा लाभ उठाने के लिए कृपया निम्न सूचनाओं को ध्यान से पढ़ लें. निम्न संकेत चिह्नों और सुझावों को समझना और उन का पालन करना दोनों ही बहुत आसान और आवश्यक हैं.

ः इस चिह्न को विसर्ग कहते हैं. यह महाप्राण ध्वनि का चिह्न है. जिस भी अक्षर या मात्रा के बाद यह चिह्न लगा हो, वहाँ आप को हल्का सा आधे ह—ह्—का पुट देना है. जैसे :

रामः = रामह्. दुःख = दुह्ख

ऽ इस चिह्न को *प्लुत* या *गुरु* का चिह्न कहते हैं. इस का मतलब है कि इस के पहले जो मात्रा लगी है, जो थोड़ा लंबा कर के बोलें. *सहज गीता* में यह चिह्न आप को 'ए' या 'ओ' की मात्रा के बाद वहीं मिलेगा जहाँ उस के बाद का शब्द 'अ' से शुरु होता है, लेकिन 'अ' का लोप हो गया है. ऐसे मौक़ों पर आप को 'ए' या 'ओ' की मात्रा को हल्का का लंबा कर के बोलना है और इस के साथ साथ अगले शब्द के आरंभ में 'अ' की कल्पना करना है, 'अ' बोलना नहीं है. जैसे :

अग्रेऽमृतोपमम्, ईश्वरोऽपि

ऽऽ यह *प्लुत* का दोहरा चिह्न है. आज की बोली में आप इसे *डबल प्लुत* भी कह सकते हैं. वास्तव में इस चिह्न की कोई आवश्यकता नहीं है. यह आप को यह बताने भर के लिए लगाया गया है कि इस लंबे वर्ण समूह के बीच इस स्थान पर एक स्वर संधि है और उस संधि का ध्वनि का विच्छेद नहीं किया जा सकता. इस चिह्न के उपयोग ***सहज गीता*** में बस इस लिए है कि आप की आँखों को कुछ राहत मिले और आप इस के पहले वाले स्वर का उच्चारण लंबा कर के बाद वाले वर्णों का उच्चारण करने के लिए तैयार हो जाएँ. जैसे:

वर्त्माऽऽनुवर्तन्ते, इन्द्रियाणीऽऽन्द्रियार्थेभ्यः

यह हाइफ़न का चिह्न हैं. इस चिह्न से आप को पता चलता है कि

इस के दोनों तरफ़ वाले शब्दों को समास से जोड़ा गया है. प्राचीन संस्कृत में यह चिह्न नहीं होता था. *सहज गीता* में यह आप की आँखों की सहायता के लिए लगाया गया है. जैसे :

पाण्डु-पुत्राणाम्, यथा-भाग-अवस्थिताः

यह हल का चिह्न है. आम तौर पर हिंदी में इसे हलंत भी कह देते हैं. जिस व्यंजन के नीचे यह लगा होता है, बोलचाल की हिंदी में उसे आधा व्यंजन कहते हैं. जैसे 'त्' का मतलब है 'आधा त'. यहाँ 'त' बोलते समय हमें उस में से 'अ' निकाल देना है, बस 'त्' बोलना है. इस में आप को कोई कठिनाई नहीं होगी, क्यों कि आजकल हिंदी में अकारांत शब्दों का आम उच्चारण इसी तरह किया जाता है. इस चिह्न वाले व्यंजन आम तौर पर शब्दों या शब्दांशों के अंत में आते हैं. जैसे—

यावन्, एतान्, तत्, अचलम्

बस, एक महत्वपूर्ण बात और—

हिंदी में किसी शब्द या शब्दांश के अंत में कोई पूरा व्यंजन लिखा हो तो हम उस का आधा उच्चारण करते हैं. उस में जो अंतर्निहित 'अ' की ध्वनि होती है उस का उच्चारण हम नहीं करते. 'अर्जुन' लिखते हैं. 'अर्जुन्' बोलते हैं. 'कृष्ण' लिखते हैं, 'कृष्ण्' बोलते हैं. संस्कृत में जैसा लिखते हैं, वैसा ही बोला भी जाता है. इस लिए ***सहज गीता*** में जहाँ 'अर्जुन' लिखा है, वहाँ हमें पूरी कोशिश कर के 'अर्जुन्अ' ही बोलना है. यह 'अर्जुन्' और 'अर्जुना' के बीच की ध्वनि है. इसी प्रकार जहाँ 'कृष्ण' लिखा है, वहाँ 'कृष्ण्अ' ही बोलना है. यह बात उन सभी शब्दों पर लागू होती है जिन के अंत में 'अ' की ध्वनि हैं और हल का चिह्न नहीं लगा है. इस में कोई बहुत कठिनाई नहीं है. बस, थोड़ा सा ध्यान रखना है. इस प्रकार पूरे व्यंजन का उच्चारण अगर हम नहीं करेंगे तो संस्कृत के श्लोक का सही उच्चारण नहीं कर पाएँगे.

तो, आइए, आप का स्वागत है—

सहज गीता के सहज संस्कृत पाठ का पूरा लाभ उठाने के लिए अब आप पूरी तरह तैयार हैं...

अध्याय सूची

२७	प्रथमोऽध्याय	अर्जुन विषाद योग
३७	द्वितीयोऽध्यायः	सांख्य योग
५४	तृतीयोऽध्यायः	कर्म योग
६३	चतुर्थोऽध्यायः	ज्ञान कर्म संन्यास योग
७२	पञ्चमोऽध्यायः	कर्म संन्यास योग
७९	षष्ठोऽध्यायः	आत्मसंयम योग
८९	सप्तमोऽध्यायः	ज्ञान विज्ञान योग
९६	अष्टमोऽध्यायः	अक्षर ब्रह्म योग
१०३	नवमोऽध्यायः	राजविद्या राजगुह्य योग
१११	दशमोऽध्यायः	विभूति योग
१२०	एकादशोऽध्यायः	विश्वरूप दर्शन योग
१३६	द्वादशोऽध्यायः	भक्ति योग
१४२	त्रयोदशोऽध्यायः	प्रकृति पुरुष विवेक योग
१५१	चतुर्दशोऽध्यायः	त्रिगुण विभाग योग
१५७	पञ्चदशोऽध्यायः	पुरुषोत्तम योग
१६२	षोडशोऽध्यायः	दैवासुर संपद् विभाग योग
१६८	सप्तदशोऽध्यायः	श्रद्धात्रय विभाग योग
१७४	अष्टादशोऽध्यायः	मोक्ष संन्यास योग

प्रथमोऽध्याय

अर्जुन विषाद योग

धृतराष्ट्रोवाच

धर्मक्षेत्रे कुरुक्षेत्रे समवेता युयुत्सवः।
मामकाः पाण्डवाश् चैव किम् अकुर्वत सञ्जय।।१।।

धृतराष्ट्र ने कहा

धर्मक्षेत्र कुरुक्षेत्र में जब मेरे और पांडु के बेटे लड़ने के लिए इकट्ठे हो गए तो, संजय, उन्हों ने क्या किया?

सञ्जयोवाच

दृष्ट्वा तु पाण्डवानीकं व्यूढं दुर्योधनस् तदा।
आचार्यम् उपसङ्गम्य राजा वचनम् अब्रवीत्।।२।।

संजय ने कहा

राजा दुर्योधन ने पांडवों की सेना की व्यूह रचना को देखा. वह आचार्य द्रोण के पास गया और बोला—

पश्यैतां पाण्डु-पुत्राणाम् आचार्य महतीं चमूम्।
व्यूढां द्रुपद-पुत्रेण तव शिष्येण धीमता।।३।।

पांडु के बेटों की इस विशाल सेना को देखिए. आचार्य, इस की व्यूह रचना द्रुपद के बेटे और आप के शिष्य चतुर धृष्टद्युम्न ने की है.

अत्र शूरा महेष्वासा भीमार्जुन-समा युधि।
युयुधानो विराटश् च द्रुपदश् च महारथः।।४।।

यहाँ बड़े बड़े धनुषों वाले, अर्जुन और भीम जैसे शूरवीर योद्धा हैं. इस में सत्यक का बेटा युयुधान है, विराट है, महारथी द्रुपद है...

धृष्टकेतुश् चेकितानः काशिराजश् च वीर्यवान्।
पुरुजित् कुन्तिभोजश् च शैब्यश् च नर-पुङ्गवः।।५।।

धृष्टकेतु और उस का पुत्र चेकितान और वीर्यवान काशिराज है... पुरुजित है, उस का पिता कुंतिभोज है, और पुरुषों में श्रेष्ठ शैब्य है...

युधामन्युश् च विक्रान्त उत्तमौजाश् च वीर्यवान्।
सौभद्रो द्रौपदेयाश् च सर्व एव महारथाः।।६।।

विक्रमशाली युधामन्यु है, और उस का वीर्यवान भाई उत्तमौजा है. सुभद्रा का पुत्र अभिमन्यु है, और द्रौपदी के पाँचों पुत्र हैं. सभी महारथी हैं.

अस्माकं तु विशिष्टा ये तान् निबोध द्विजोत्तम।
नायका मम सैन्यस्य सञ्ज्ञार्थं तान् ब्रवीमि ते।।७।।

हमारे भी जो ख़ास ख़ास हैं, ब्राह्मण श्रेष्ठ, आप उन्हें जान लीजिए. सुनिए, मेरी सेना के नायकों के नाम मैं आप को बताता हूँ...

भवान् भीष्मश् च कर्णश् च कृपश् च समितिञ्जयः।
अश्वत्थामा विकर्णश् च सौमदत्तिस् तथैव च।।८।।

आप, और भीष्म, और कर्ण, और रणजीत कृपाचार्य, और अश्वत्थामा, और विकर्ण, और सोमदत्त का पुत्र भूरिश्रवा...

अन्ये च बहवः शूरा मदर्थे त्यक्त-जीविताः।
नाना-शस्त्र-प्रहरणाः सर्वे युद्ध-विशारदाः।।९।।

और भी बहुत से शूरवीर हैं. सब ने मेरे लिए जान लगा दी है. ये सब तरह तरह के शस्त्रों से सज्जित हैं, और युद्ध की कला में माहिर हैं...

अपर्याप्तं तद् अस्माकं बलं भीष्माऽऽभिरक्षितम्।
पर्याप्तं त्विदम् एतेषां बलं भीमाऽऽभिरक्षितम्।।१०।।

हमारी यह सेना यूँ तो कम है, लेकिन इन लोगों की इस सेना को जीतने के लिए यह काफ़ी है—क्यों कि कहाँ हमारे रक्षक आप भीष्म हैं, और कहाँ इन का रक्षक भीम...

अयनेषु च सर्वेषु यथा-भागम्-अवस्थिताः।
भीष्मम् एवाऽऽभिरक्षन्तु भवन्तः सर्व एव हि।।११।।

इस लिए सब मोर्चों पर अपनी अपनी जगह से आप सब लोग भीष्म की रक्षा करें.

सञ्जयोवाच

तस्य सञ्जनयन् हर्षं कुरुवृद्धः पितामहः।
सिंहनादं विनद्यौच्चैः शङ्खं दध्मौ प्रतापवान्।।१२।।

संजय ने कहा

दुर्योधन को हर्ष पहुँचाने के लिए कौरवों में वृद्ध और महाप्रतापी भीष्म पितामह शेर की तरह बड़े ज़ोर से दहाड़ उठे. उन्हों ने युद्ध का शंख फूँक दिया.

ततः शङ्खाश् च भेर्यश् च पणवानक-गोमुखाः।
सहसैवाभ्यहन्यन्त स शब्दस् तुमुलोऽभवत्।।१३।।

फिर तो अनेक शंख, रणभेरियाँ, ढोल, मृदंग और नरसिंघे एकाएक बज उठे. भारी शोर होने लगा.

ततः श्वेतैर्-हयैर्-युक्ते महति स्यन्दने स्थितौ।
माधवः पाण्डवश् चैव दिव्यौ शङ्खौ प्रदध्मतुः।।१४।।

उधर सफ़ेद घोड़ों वाले बड़े रथ में माधव कृष्ण और पांडव अर्जुन बैठे थे. जवाब में उन दोनों ने अपने अपने दिव्य शंख बजा दिए.

पाञ्चजन्यं हृषीकेशो देवदत्तं धनञ्जयः।
पौण्ड्रं दध्मौ महाशङ्खं भीमकर्मा वृकोदरः।।१५।।

ज्ञानेंद्रियों के स्वामी (हृषीकेश) कृष्ण ने पांचजन्य नाम का शंख बजाया. धन विजेता (धनंजय) अर्जुन ने अपना शंख देवदत्त बजाया. बड़े बड़े काम करने वाले वृकोदर भीम ने पौंड्र नाम वाला महाशंख बजाया.

अनन्तविजयं राजा कुन्ती-पुत्रो युधिष्ठिरः।
नकुलः सहदेवश् च सुघोष-मणिपुष्पकौ।।१६।।

राजा धृतराष्ट्र, कुंती के पुत्र युधिष्ठिर ने अनंतविजय शंख बजाया. नकुल ने सुघोष बजाया और सहदेव ने मणिपुष्पक.

काश्यश् च परमेष्वासः शिखण्डी च महारथः।
धृष्टद्युम्नो विराटश् च सात्यकिश् चापराजितः।।१७।।

महान धनुर्धर काशी नरेश ने और महारथी शिखंडी और धृष्टद्युम्न ने, विराट ने तथा अपराजित सात्यकि ने...

द्रुपदो द्रौपदेयाश् च सर्वशः पृथिवीपते।
सौभद्रश् च महाबाहुः शङ्खान् दध्मुः पृथक् पृथक्।।१८।।

द्रुपद ने और द्रौपदी के बेटों ने, और सुभद्रा के पुत्र महाबाहु अभिमन्यु ने भी, पृथ्वीपति ध्रतराष्ट्र, सब ओर से अपने अपने शंख फूँक दिए.

स घोषो धार्तराष्ट्राणां हृदयानि व्यदारयत्।
नभश् च पृथिवीं चैव तुमुलो व्यनुनादयन्।।१९।।

उस भारी आवाज़ से धृतराष्ट्र पुत्रों के समर्थकों के दिल फट गए. आकाश और धरती गूँजने लगे.

अथ व्यवस्थितान् दृष्ट्वा धार्तराष्ट्रान् कपिध्वजः।
प्रवृते शस्त्र-सम्पाते धनुर् उद्यम्य पाण्डवः।।२०।।

अध्याय : १

सामने धृतराष्ट्र पुत्रों की व्यवस्थित सेना को अर्जुन ने देखा. उस के रथ की ध्वजा पर हनुमान का चित्र फरफरा रहा था. पांडुपुत्र ने देखा कि हथियार चलने ही वाले हैं. उस ने भी अपना धनुष उठा लिया.

हृषीकेशं तदा वाक्यम् इदम् आह महीपते।

फिर, महीपति धृतराष्ट्र, अर्जुन ने हृषीकेश कृष्ण से कहा—

अर्जुनोवाच

सेनयोर् उभयोर् मध्ये रथं स्थापय मेऽच्युत।।२१।।

अर्जुन ने कहा

अच्युत, मेरा रथ दोनों सेनाओं के बीच खड़ा कर दो...

यावद् एतान् निरीक्षेऽहं योद्धुकामान् अवस्थितान्।
कैर् मया सह योद्धव्यम् अस्मिन् रण-समुद्यमे।।२२।।

एक नज़र देखूँ तो सही कि कौन हैं जो युद्ध की इच्छा से खड़े हैं. कौन हैं जिन से मुझे इस रणक्षेत्र में लड़ना है.

योत्स्यमानान् अवेक्षेऽहं य एतेऽत्र समागताः।
धार्तराष्ट्रस्य दुर्बुद्धेर् युद्धे प्रिय-चिकीर्षवः।।२३।।

देखूँ तो सही कौन लड़ाके यहाँ आए हैं. कौन हैं जो इस युद्ध में धृतराष्ट्र के दुर्बुद्धि बेटे का भला चाहते हैं.

सञ्जयोवाच

एवम् उक्तो हृषीकेशो गुडाकेशेन भारत।
सेनयोर् उभयोर् मध्ये स्थापयित्वा रथोत्तमम्।।२४।।

संजय ने कहा

तंद्रा पर विजय पाने वाले अर्जुन (गुडाकेश) ने यह कहा, तो ज़ानेंद्रियों के स्वामी, साक्षात् ज़ान, कृष्ण (हृषीकेश) ने रथ को दोनों सेनाओं के बीच खड़ा कर दिया.

भीष्म-द्रोण-प्रमुखतः सर्वेषां च महीक्षिताम्।
उवाच पार्थ पश्यैतान् समवेतान् कुरून् इति।।२५।।

ठीक सामने भीष्म और द्रोण थे. अन्य सभी राजा भी वहाँ से दिखाई दे रहे थे. कृष्ण ने कहा, पार्थ, कुरुवंशियों के इस समूह को देख!

तत्रापश्यत् स्थितान् पार्थः पितृन् अथ पिता महान्।
आचार्यान् मातुलान् भ्रातृन् पुत्रान् पौत्रान् सखींस् तथा।।२६।।

पृथा के पुत्र अर्जुन (पार्थ) ने देखा कि वहाँ जो खड़े हैं वे उस के पुरखे और दादा हैं. उस के आचार्य और मामा हैं. भाई, बेटे और पोते हैं. वे उस के संगी साथी हैं.

श्वसुरान् सुहृदश् चैव सैनयोर् उभयोर् अपि।
तान् समीक्ष्य स कौन्तैयः सर्वान् बन्धून् अवस्थितान्।।२७।।

वे उस के ससुर हैं. वे उस के अपने सगे संबंधी हैं. और वे दोनों ही सेनाओं में हैं. कुंती के पुत्र अर्जुन (कौंतेय) ने उन सब भाईबंदों को वहाँ खड़े देखा.

कृपया परयाऽऽविष्टो विषीदन्न् इदम् अब्रवीत्।

अर्जुन का मन भारी करुणा से भर उठा. खिन्न हो कर वह बोला-

अर्जुनोवाच

दृष्ट्वेमं स्वजनं कृष्ण युयुत्सुं समुपस्थितम्।।२८।।

अर्जुन ने कहा

मैं ने इन्हें देख लिया. कृष्ण, मेरे अपने लोग आमने सामने खड़े हैं और लड़ने मरने पर उतारु हैं.

सीदन्ति मम गात्राणि मुखं च परिशुष्यति।
वेपथुश् शरीरे मे रोमहर्षश् च जायते।।२९।।

इन्हें देख कर मेरे अंग ठंडे हो रहे हैं. मुँह सूख रहा है. शरीर काँप रहा है. रोमांच हो आया है.

गाण्डीवं स्रंसते हस्तात् त्वक् चैव परिदह्यते।
न च शक्नोम्य् अवस्थातुं भ्रमतीव च मे मनः।।३०।।

गांडीव धनुष हाथ से छूट रहा है. त्वचा दहक रही है. खड़ा नहीं रहा जा रहा. मन चकरा रहा है.

निमित्तानि च पश्यामि विपरीतानि केशव।
न च श्रेयोऽनुपश्यामि हत्वा स्वजनम् आहवे।।३१।।

शकुन भी उलटे दिखाई दे रहे हैं. केशव, मुझे नहीं लगता कि युद्ध में अपने लोगों की हत्या करने से कोई भला होगा.

न काङ्क्षे विजयं कृष्ण न च राज्यं सुखानि च।
किं नो राज्येन गोविन्द किं भोगैर् जीवितेन वा।।३२।।

कृष्ण, न मुझे विजय चाहिए, न राज्य, न सुख. गोविंद, हमें राज्य मिले भी तो क्या होगा? भोगों का हम क्या करेंगे? और जीने में क्या रखा है?

येषाम् अर्थे काङ्क्षितं नो राज्यं भोगाः सुखानि च।
ते इमेऽवस्थिता युद्धे प्राणांस् त्यक्त्वा धनानि च।।३३।।

जिन के लिए हमें राज्य चाहिए, संसार के भोग चाहिए, सुख चाहिए, वे सब तो यहाँ खड़े हैं. युद्ध में उन्हों ने अपने प्राण और धन की बाज़ी लगा दी है.

आचार्याः पितरः पुत्रास् तथैव च पितामहाः।
मातुलाः श्वशुराः पौत्राः श्यालाः सम्बन्धिनस् तथा।।३४।।

ये सब के सब, मेरे आचार्य—मेरे गुरु, मेरे पितर—मेरे ताऊ चाचा, मेरे बेटे, मेरे बाबा दादा, मामा, ससुर, पोते, साले, सगे संबंधी...

एतान् न हन्तुम् इच्छामि घ्नतोऽपि मधुसूदन।
अपि त्रैलोक्य-राज्यस्य हेतोः किं नु महीकृते।।३५।।

मैं इन्हें मरवाना नहीं चाहता, मधुसूदन, चाहे मेरी जान चली जाए, चाहे तीनों लोकों का राज्य मुझे मिल जाए. फिर कुछ धरती की तो बात ही क्या है!

निहत्य धार्तराष्ट्रान् नः का प्रीतिः स्याज् जनार्दन।
पापं एवाश्रयेद् अस्मान् हत्वैतान् आततायिनः।।३६।।

धृतराष्ट्र के बेटों को मार डालने से, जनार्दन, हमारा क्या भला होगा? माना ये आततायी हैं. पर इन्हें मार कर हमें तो हत्या का पाप ही लगेगा.

तस्मान् नार्हा वयं हन्तुं धार्तराष्ट्रान् स्वबान्धवान्।
स्वजनं हि कथं हत्वा सुखिनः स्याम माधव।।३७।।

इस लिए धृतराष्ट्र के बेटों को मारना हमारे लिए ठीक नहीं है. वे हैं तो हमारे बंधु ही. अपने कुटुंबियों को मार कर, माधव, हम सुखी कैसे हो सकते हैं?

यद्यप्य् एते न पश्यन्ति लोभोपहत-चेतसः।
कुल-क्षय-कृतं दोषं मित्र-द्रोहे च पातकम्।।३८।।

हालाँकि ये देख नहीं पा रहे हैं. लोभ ने इन की बुद्धि को हर लिया है. इन्हें नहीं पता कि कुल का नाश करने से क्या दोष लगता है और मित्रों से द्रोह का क्या पाप होता है.

कथं न ज्ञेयम् अस्माभिः पापाद् अस्मान् निवर्तितुम्।
कुल-क्षय-कृतं दोषं प्रपश्यद्भिर् जनार्दन।।३९।।

इस पाप से बचने की बात हम क्यों नहीं विचारते? कुल के नाश से क्या दोष होता है—यह हमें तो दिखाई दे रहा है, जनार्दन.

कुल-क्षये प्रणशयन्ति कुल-धर्माः सनातनाः।
धर्मे नष्टे कुलं कृत्स्नम् अधर्मोऽभिभवत्य् उत।।४०।।

कुल का नाश होने से कुल के तमाम सनातन धर्मों का नाश हो जाता है. धर्म का नाश हो जाए तो पूरे कुल को अधर्म दबोच लेता है.

अधर्माऽऽभिभवात् कृष्ण प्रदुष्यन्ति कुलस्त्रियः।
स्त्रीषु दुष्टासु वार्ष्णेय जायते वर्ण-सङ्करः।।४१।।

अधर्म बढ़ता है, कृष्ण, तो कुल की स्त्रियाँ दूषित हो जाती है. स्त्रियों के दूषित होने पर वर्ण संकर पैदा होने लगते हैं.

सङ्करो नरकायैव कुलघ्नानां कुलस्य च।
पतन्ति पितरो ह्येषां लुप्त-पिण्डोदक-क्रियाः।।४२।।

वर्णसंकर कुलनाशकों को ही नहीं, पूरे कुल को, नरक की ओर ले जाता है. यही नहीं. इन के पितरों का भी पतन हो जाता है—क्यों कि पिंडदान और तर्पण आदि क्रियाओं का लोप हो जाता है.

दोषैर् एतैः कुलघ्नानां वर्ण-सङ्कर-कारके।
उत्साद्यन्ते जाति-धर्माः कुल-धर्माश् च शाश्वता।।४३।।

वर्णसंकर को जन्म देने वाले इन दोषों से कुलघातियों के सभी शाश्वत जाति धर्म और कुल धर्म नष्ट हो जाते हैं.

उत्सन्न-कुल-धर्माणां मनुष्याणां जनार्दन।
नरकेऽनियतं वासो भवतीत्य् अनुशुश्रुम।।४४।।

जिन मनुष्यों के कुल धर्म नष्ट हो जाते हैं, जनार्दन, उन्हें अनियत काल तक नरक में रहना पड़ता है. मैं ने तो यही सुना है.

अहो बत महद् पापं कर्तुं व्यवसिता वयम्।
यद् राज्य-सुख-लोभेन हन्तुं स्वजनम् उद्यताः।।४५।।

हाय! महाशोक! हम महापाप करने को तैयार हैं. राज्य और सुख

के लोभ में हम अपने लोगों की हत्या करने पर उतर आए हैं.

यदि माम् अप्रतीकारम् अशस्त्रं शस्त्र-पाणयः।
धार्तराष्ट्रा रणे हन्युः तन् मे क्षेमतरं भवेत्।।४६।।

मैं आक्रमण का जवाब न दूँ, हथियार डाल दूँ, फिर भी धृतराष्ट्र के हथियारबंद बेटे रण में मुझे मार डालें, तो भी यह मेरे लिए ठीक ही होगा.

सञ्जयोवाच

एवम् उक्तवाऽर्जुनः सङ्ख्ये रथोपस्थ उपाविशत्।
विसृज्य सशरं चापं शोक-संविग्न-मानसः।।४७।।

संजय ने कहा

यह कह कर अर्जुन रथ में बैठ गया. उस ने युद्धक्षेत्र में धनुष बाण डाल दिए. मन शोक से विह्वल था.

इति श्रीमद्-भगवद्-गीतासु उपनिषत्सु ब्रह्म-विद्यायां योग-शास्त्रे श्री-कृष्णार्जुन-संवादेऽर्जुन-विषाद-योगो नाम प्रथमोऽध्यायः

यह था श्रीमद् भगवद् गीता नामक उपनिषद ब्रह्म विद्या योग शास्त्र श्री कृष्ण अर्जुन संवाद में अर्जुन विषाद योग नाम का पहला अध्याय

द्वितीयोऽध्यायः

सांख्य योग

सञ्जयोवाच

तं तथा कृपयाऽविष्टम् अश्रुपूर्णाऽऽकुलेक्षणम्।
विषीदन्तम् इदं वाक्यम् उवाच मधुसूदनः।।१।।

संजय ने कहा

अर्जुन का मन करुणा से भर गया था. उस की आकुल आँखों में आँसू भर आए थे. वह विषाद से भरा था. उस की ऐसी हालत देख कर मधुसूदन ने कहा—

श्रीभगवान् उवाच

कुतस् त्वा कश्मलम् इदं विषमे समुपस्थितम्।
अनार्य-जुष्टम् अस्वर्ग्यम् अकीर्तिकम् अर्जुन।।२।।

श्री भगवान ने कहा

इस ग़लत मौक़े पर तुझ पर यह उदासी कैसी? यह मैल कैसा? यह आचरण आर्यों जैसा नहीं हैं. इस से स्वर्ग नहीं मिलेगा. अर्जुन, इस से तेरी बदनामी होगी.

क्लैव्यं मा स्म गमः पार्थ नैतत् त्वय्य् उपपद्यते।
क्षुद्रं हृदय-दौर्बल्यं त्यक्त्वोऽत्तिष्ठ परंतप।।३।।

कायर मत बन! पार्थ, यह तुझे शोभा नहीं देता. हृदय की क्षुद्र दुर्बलता को त्याग दे. उठ! खड़ा हो! तू परंतप है—तेरा काम है शत्रुओं

को हराना.

अर्जुनोवाच

कथं भीष्मम् अहं सङ्ख्ये द्रोणं च मधुसूदन।
इषुभिः प्रति-योत्स्यामि पूजार्हाव् अरिसूदन।।४।।

अर्जुन ने कहा

भीष्म और द्रोण से मैं कैसे लड़ूँ? मधुसूदन, युद्ध में उन पर बाण कैसे चलाऊँ? अरिसूदन, ये दोनों मेरे पूज्य हैं.

गुरून् अहत्वा हि महानुभावान्
श्रेयो भोक्तुं भैक्ष्यम् अपीह लोके।
हत्वाऽर्थकामांस् तु गुरून् इहैव
भुञ्जीय भोगान् रुधिर-प्रदिग्धान्।।५।।

महानुभाव गुरूजनों की हत्या करने से अच्छा तो यही है कि इस लोक में मैं दर दर का भिखारी बन जाऊँ. माना कि मेरे गुरुजन लालची हैं, पर उन्हें मार कर मुझे क्या मिलेगा? ख़ून से सने भोग ही तो भोगूँगा!

न चैतद् विद्मः कतरन् नो गरीयो
यद् वा जयेम यदि वा नो जयेयुः।
यानेव हत्वा न जिजीविषामस्
तेऽवस्थिताः प्रमुखे धार्तराष्ट्राः।।६।।

यह भी तो नहीं पता की हमारी भलाई किस में है. और यह भी नहीं जानते कि हम जीतेंगे या वे हमें जीतेंगे. इन्हें मार कर हम जीना नहीं चाहते. हमारे सामने जो खड़े हैं, वे धृतराष्ट्र के बेटे हैं.

कार्पण्य-दोषोपहत-स्वभावः
पृच्छामि त्वां धर्म-सम्मूढ-चेताः।
यच्छ्रेयः स्यान् निश्चितं ब्रूहि तन् मे
शिष्यस् तेऽहं शाधि मां त्वां प्रपन्नम्।।७।।

लाचारी ने मेरे स्वभाव को ग्रस लिया है. मैं धर्मसंकट में पड़ गया हूँ. मैं आप से पूछता हूँ. बताइए. मेरे लिए क्या करना ठीक है. मैं आप का शिष्य हूँ. मुझे शिक्षा दीजिए. मैं आप की शरण में पड़ा हूँ.

न हि प्रपश्यामि ममापनुद्याद्
यच्छोकम् उच्छोषणम् इन्द्रियाणाम्।
अवाप्य भूमाव् असपत्नम् ऋद्धं
राज्यं सुराणाम् अपि चाधिपत्यम्।।८।।

मेरी इंद्रियों को भारी शोक सुखा रहा है. उसे दूर करने का कोई उपाय मुझे दिखाई नहीं देता. पूरी पृथिवी का राज्य अकेले मुझ को मिल जाए या मैं देवताओं का स्वामी बन जाऊँ तो भी यह शोक दूर नहीं होगा.

सञ्जयोवाच

एवम् उक्तवा हृषीकेशं गुडाकेशः परन्तपः।
न योत्स्य इति गोविन्दं उक्त्वा तूष्णीं बभूव ह।।९।।

संजय ने कहा

परंतप धृतराष्ट्र, साक्षात चेतना (गुडाकेश) अर्जुन ने साक्षात ज्ञान (हृषीकेश) कृष्ण से यह सब कहा. फिर वह गोविंद से बोला, मैं युद्ध नहीं करूँगा! और चुप हो गया.

तम् उवाच हृषीकेशः प्रहसन्न् इव भारत।
सेनयोर् उभयोर् मध्ये विषीदन्तम् इदं वचः।।१०।।

उस की बातें सुन कर हृषीकेश कुछ हँस पड़े. भरतवंशी राजा धृतराष्ट्र, सुनो. दोनों सेनाओं के बीच अर्जुन विषाद में फँसा था. उस से कृष्ण ने कहा—

श्रीभगवान् उवाच

अशोच्यान् अन्वशोचस् त्वं प्रज्ञावादांश् च भाषसे।

गतासून् अगतासूंश् च नानुशोचन्ति पण्डिताः।।११।।

श्री भगवान ने कहा

जिन के लिए दुःख नहीं करना चाहिए, उन के लिए तू दुःख कर रहा है, और बातें ऐसी बना रहा है जैसे महाज्ञानी हो! जानकार लोग न तो उन के लिए शोक करते हैं जो चले गए हैं, न उन के लिए जो नहीं गए हैं.

न त्वेवाहं जातु नासं न त्वं नेमे जनाधिपाः।
न चैव न भविष्यामः सर्वे वयमतः परम्।।१२।।

ऐसा नहीं है कि कभी मैं, तू और ये राजा लोग नहीं थे. यह भी नहीं है कि इस के बाद हम सब नहीं होंगे.

देहिनोऽस्मिन् यथा देहे कौमारं यौवनं जरा।
तथा देहान्तर-प्राप्तिर् धीरस् तत्र न मुह्यति।।१३।।

इस देह में आ कर हमारी आत्मा बचपन, जवानी और बुढ़ापे की अवस्थाओं में से गुज़रती है. इसी तरह वह एक देह के बाद दूसरी देह में चली जाती है. इस देह परिवर्तन पर धीरबुद्धि जन भ्रमित नहीं होता.

मात्रा-स्पर्शास् तु कौन्तेय शीतोष्ण-सुख-दुःख-दाः।
आगमाऽऽपायिनोऽनित्याः तांस् तितिक्षस्व भारत।।१४।।

जब भौतिक संसार से हमारी इंद्रियों का स्पर्श होता है तो हमें सर्दी गरमी और सुख दुःख आदि महसूस होते हैं. ये स्पर्श क्षण भंगुर हैं—ये होते हैं और टूट जाते हैं. ये हमेशा नहीं होते. भरत वंशी अर्जुन (भारत), तू इन्हें सहन कर.

यं हि न व्यथयन्त्य् एते पुरुषं पुरुषर्षभ।
सम-दुःख-सुखं धीरं सोऽमृतत्वाय कल्पते।।१५।।

पुरुषों में श्रेष्ठ अर्जुन, जिसे ये स्पर्श व्यथित नहीं करते, वह धीर पुरुष दुःख और सुख को बराबर समझता है. वह पुरुष अमर होने योग्य

होता है.

नासतो विद्यते भावो नाभावो विद्यते सतः।
उभयोर् अपि दृष्टोऽन्तस् त्वनयोस् तत्त्व-दर्शिभिः।।१६।।

जो नहीं है—वह हो नहीं सकता. जो है—वह मिट नहीं सकता. तत्त्वदर्शी लोगों ने ये दोनों बातें अच्छी तरह देख ली हैं.

अविनाशि तु तद् विद्धि येन सर्वम् इदं ततम्।
विनाशम् अव्ययस्यास्य न कश्चित् कर्तुम् अर्हति।।१७।।

अविनाशी तू उसे समझ जो इस सारे जगत में फैला है. कोई भी ऐसा नहीं है जो उस अव्यय—उस व्ययहीन, उस नाशहीन—का विनाश कर सके.

अन्तवन्त इमे देहा नित्यस्योक्ताः शरीरिणः।
अनाशिनोऽप्रमेयस्य तस्माद् युध्यस्व भारत।।१८।।

ये सारे के सारे नाशवान शरीर उस आत्मा के कहे गए हैं जो नित्य है—हमेशा रहती है. वह आत्मा नाशहीन है. वह अप्रमेय है—उसे प्रमाण से समझा नहीं जा सकता, उसे सिद्ध—साबित—नहीं किया जा सकता. इस लिए, भारत, तू युद्ध कर.

य एनं वेत्ति हन्तारं यश्चैनं मन्यते हतम्।
उभौ तो न विजानीतो नायं हन्ति न हन्यते।।१९।।

कोई समझता है कि वह आत्मा मारती है. कोई मानता है कि इस आत्मा को मारा जा सकता है. ये दोनों ही नहीं जानते. यह न मारती है, न मारी जाती है.

न जायते म्रियते वा कदाचिन्
नायं भूत्वा भविता वा न भूयः।
अजो नित्यः शाश्वतोऽयं पुराणो

न हन्यते हन्यमाने शरीरे।।२०।।

यह आत्मा न कभी जन्म लेती है, न कभी मरती है. ऐसा भी नहीं है कि हो कर यह फिर न हो. यह आत्मा अजन्मी है. लगातार रहती है. यह हमेशा से है, शाश्वत है. यह पुरानी है. शरीर के मरने पर यह आत्मा नहीं मरती.

वेदाविनाशिनं नित्यम् य एनम् अजम् अव्ययम्।
कथं स पुरुषः पार्थ कं घातयति हन्ति कम्।।२१।।

जो आदमी यह जानता है कि यह आत्मा अविनाशी, नित्य, अजन्मी और अव्यय है, पार्थ, वह कैसे किसी को मरवाता है और कैसे किसी को मारता है!

वासांसि जीर्णानि यथा विहाय
नवानि गृह्णाति नरोऽपराणि।
तथा शरीराणि विहाय जीर्णान्य्
अन्यानि संयाति नवानि देही।।२२।।

पुराने कपड़ों को उतार कर मनुष्य नए कपड़े पहन लेता है. वैसे ही पुराने शरीरों को उतार कर यह आत्मा नए शरीरों में चली जाती है.

नैनं छिन्दन्ति शस्त्राणि नैनं दहति पावकः।
न चैनं क्लेदयन्त्य् आपो न शोषयति मारुतः।।२३।।

इस आत्मा को न शस्त्र काटते हैं. न इसे आग जलाती है. और न इसे पानी भिगोता है. न हवा सुखाती है.

अच्छेद्योऽयम् अदाह्योऽयम् अक्लेद्योऽशोष्य एव च।
नित्यः सर्वगतः स्थाणुर् अचलोऽयं सनातनः।।२४।।

इसे छेदा नहीं जा सकता. इसे जलाया नहीं जा सकता. इसे भिगोया नहीं जा सकता और इसे सुखाया भी नहीं जा सकता. यह नित्य है. सब में है. स्थिर है. अचल है. सनातन है—हमेशा रहने वाली है.

अव्यक्तोऽयम् अचिन्त्योऽयम् अविकार्योऽयम् उच्यते।
तस्माद् एवं विदित्वैनं नानुशोचितुम् अर्हसि।।२५।।

कहा गया है कि यह अव्यक्त है—अप्रकट है, आकारहीन है. यह अचिंत्य है—इसे बुद्धि से समझा नहीं जा सकता. यह अविकार्य है—इस में कैसा भी परिवर्तन नहीं किया जा सकता. जब इसे इस प्रकार जान लिया तो इस के लिए शोक करना उचित नहीं रह जाता.

अथ चैनं नित्यजातं नित्यं वा मन्यसे मृतम्।
तथापि त्वं महाबाहो नैवं शोचितुम् अर्हसि।।२६।।

और यदि तू यह मानता है कि यह बार बार जन्म लेती है और बार बार मरती है तो भी, महाबाहु अर्जुन, इस का शोक करना तेरे लिए उचित नहीं है.

जातस्य हि ध्रुवो मृत्युर् ध्रुवं जन्म मृतस्य च।
तस्माद् अपरिहार्येऽर्थे न त्वं शोचितुम् अर्हसि।।२७।।

जो जन्म लेता है उस की मृत्यु को टाला नहीं जा सकता. जो मरता है इस का जन्म फिर हो कर रहेगा. जिस होनी को टाला नहीं जा सकता, उस का शोक करना तेरे लिए उचित नहीं है.

अव्यक्तादीनि भूतानि व्यक्त-मध्यानि भारत।
अव्यक्त-निधनान्य् एव तत्र का परिवेदना।। २८।।

भारत, संसार में होने वाले जितने भी भूत पदार्थ और प्राणी हैं, आरंभ में वे सब अव्यक्त होते हैं, अप्रकट होते हैं. उन का कोई रूप, रंग और आकार नहीं होता. केवल मध्य काल में वे व्यक्त होते हैं. अंत में वे फिर अव्यक्त हो जाते हैं. तब उन का दुःख कैसा?

आश्चर्यवत् पश्यति कश्चिद् एनम्
आश्चर्यवद् वदति तथैव चान्यः।
आश्चर्यवच् चैनं अन्यः शृणोति

श्रुत्वाप्येनं वेद न चैव कश्चित्।।२९।।

इस बात को कोई बड़े आश्चर्य के रूप में देखता है. कोई इस का वर्णन आश्चर्य के रूप में करता है. कोई आश्चर्य के रूप में इसे सुनता है. लेकिन सुन कर भी कोई इसे पूरी तरह नहीं जानता.

देही नित्यम् अवध्योऽयं देहे सर्वस्य भारत।
तस्मात् सर्वाणि भूतानि न त्वं शोचितुम् अर्हसि।।३०।।

सब के शरीर में जो देह धारण करने वाली आत्मा है, वह नित्य है. इस का वध नहीं किया जा सकता. भारत, भौतिक प्राणियों के लिए शोक करना तेरे लिए उचित नहीं है.

स्वधर्मम् अपि चावेक्ष्य न विकम्पितुम् अर्हसि।
धर्म्याद्धि युद्धाच्छ्रेयोऽन्यत् क्षत्रियस्य न विद्यते।।३१।।

तू उस स्वधर्म का, स्वकर्म का भी ख़्याल कर, जो क्षत्रिय के रूप में तेरा कर्तव्य है. काँपना घबराना तुझे शोभा नहीं देता. क्षत्रिय के लिए धर्मयुद्ध से बढ़ कर कोई अन्य श्रेयस् कर्म नहीं है.

यदृच्छया चोपपन्नं स्वर्ग-द्वारम्-अपावृतम्।
सुखिनः क्षत्रियाः पार्थ लभन्ते युद्धम् ईदृशम्।।३२।।

तुझे अनायास ही स्वर्ग का द्वार खुला मिल गया है. पार्थ, क्षत्रियों को युद्ध का ऐसा मौक़ा बड़े भाग्य से मिलता है.

अथ चैत् त्वम् इमं धर्म्यं सङ्ग्रामम् न करिष्यसि।
ततः स्वधर्मं कीर्तिं च हित्वा पापम् अवाप्स्यसि।।३३।।

इस समय तू अगर इस धर्मयुद्ध से मुँह मोड़ लेगा, तो स्वधर्म को—अपने क्षत्रिय धर्म को—खो देगा. इस से तेरी कीर्ति नष्ट हो जाएगी और तुझे पाप लगेगा.

अकीर्तिं चापि भूतानि कथयिष्यन्ति तेऽव्ययाम्।

सम्भावितस्य चाकीर्तिर् मरणाद् अतिरिच्यते।।३४।।

सब लोगों में तेरी ऐसी भारी बदनामी होगी जो कभी नहीं मिटेगी. माननीय पुरुषों के लिए बदनामी मौत से बड़ी होती है.

भयाद् रणाद् उपरतं मंस्यन्ते त्वां महारथाः।
येषां च त्वं बहुमतो भूत्वा यास्यसि लाघवम्।।३५।।

महारथी योद्धा कहेंगे कि डर कर तू रण से भाग गया. अब तक जो लोग तेरी प्रशंसा करते हैं वही अब तुझे तुच्छ समझने लगेंगे.

अवाच्य-वादांश् च बहून् वदिष्यन्ति तवाहिताः।
निन्दन्तस् तव सामर्थ्यं ततो दुःखतरं नु किम्।। ३६।।

तेरा बुरा चाहने वाले लोग तेरी सामर्थ्य की—तेरी वीरता की—निंदा करेंगे. वे अनकहनी बातें कहेंगे. इस से बड़े दुःख की बात और क्या होगी?

हतो वा प्राप्स्यसि स्वर्गं जित्वा वा भोक्ष्यसे महीम्।
तस्माद् उत्तिष्ठ कौन्तेय युद्धाय कृत-निश्चयः।।३७।।

युद्ध में जो तू मारा गया तो तुझे स्वर्ग मिलेगा. जीत गया तो पृथिवी का राज्य भोगेगा. इस लिए, कौंतेय अर्जुन, युद्ध का निश्चय कर उठ खड़ा हो.

सुख-दुःखे समे कृत्वा लाभालाभौ जयाजयौ।
ततो युद्धाय युज्यस्व नैवं पापम् अवाप्स्यसि।। ३८।।

सुख और दुःख को, लाभ और हानि को, जीत और हार को बराबर समझ. युद्ध के लिए तैयार हो. ऐसा करने से तुझे पाप नहीं लगेगा.

एषा तेऽभिहिता साङ्ख्ये बुद्धिर् योगे त्विमां शृणु।

बुद्धया युक्तो यथा पार्थ कर्म-बन्धं प्रहास्यसि।।३९।।

यह ज्ञान मैं ने तूझे सांख्य के आधार पर बताया है. अब मैं तुझे योग के आधार पर ज्ञान सुनाता हूँ. इस से प्राप्त बुद्धि से तू कर्म के बंधनों को काट देगा.

नेहाभिक्रम-नाशोऽस्मित प्रत्यवायो न विद्यते।
स्वल्पम् अप्यस्य धर्मस्य त्रायते महतो भयात्।।४०।।

इस योग में प्रयत्न का—उपक्रम का, प्रयास का—नाश नहीं होता. उस का उलटा प्रभाव भी नहीं पड़ता. इस धर्म का थोड़ा सा आचरण भी महाभय से मुक्ति दिलाता है.

व्यवसायात्मिका बुद्धिर् एकेह कुरु-नन्दन।
बहु-शाखा ह्यनन्ताश् च बुद्धयोऽव्यवसायिनाम्।।४१।।

कुरुनंदन, इस योग में व्यवसाय बुद्धि—कर्म निर्धारक बुद्धि—बस एक है. लेकिन जो अव्यवसायी हैं, अकर्मी हैं, उन की बुद्धि अनंत शाखाओं में बँटी है.

याम् इमां पुष्पितां वाचं प्रवदन्त्य् अविपश्चितः।
वेद-वाद-रताः पार्थ नान्यद् अस्तीति वादिनः।। ४२।।

वे अज्ञानी लोग बड़ी लुभावनी, लच्छेदार, पुष्पित बातें करते हैं. वे वेदों के अर्थ की खींचतान में लगे रहते हैं. वे बड़े दावे के साथ कहते हैं कि उन के सिद्धांतों के अतिरिक्त कुछ नहीं है.

कामात्मानः स्वर्ग-परा जन्म-कर्म-फल-प्रदाम्।
क्रिया-विशेष-बहुलां भोगैश्वर्य-गतिं प्रति।।४३।।

वे कामनाओं से भरे हैं. स्वर्ग प्राप्ति उन का उद्देश्य है. उन का कहना है कि जीवन में जो अनेक क्रियाएँ हैं, अनेक कार्य हैं, वे फल की इच्छा से और ऐश्वर्य भोगने के लिए किए जाते हैं.

भोगैश्वर्य-प्रसक्तानां तथापहृत-चेतसाम्।
व्यवसायात्मिका बुद्धिः समाधौ न विधीयते।।४४।।

वे भोग और ऐश्वर्य में लिप्त हैं. इस से उन की बुद्धि का हरण हो चुका है. उन की व्यवसाय बुद्धि—कर्तव्य चेतना—एकाग्र नहीं है.

त्रैगुण्य-विषया वेदा निस्त्रैगुण्यो भवार्जुन।
निर्द्वन्द्वो नित्य-सत्त्वस्थो निर्योग-क्षेम आत्मवान्।।४५।।

सत्त्व, रज और तम—ये तीन गुण वेदों का विषय हैं. अर्जुन, तू इन तीन गुणों से अलग हो जा. तू हर्ष और विषाद, सर्दी और गरमी, आदि परस्पर विरोधी द्वंद्वों से ऊपर उठ. जो नित्य सत्त्व है—परम सत्य है,—उस में हमेशा स्थित रह. तू निर्योग क्षेम हो—सांसारिक आशाओं और आशंकाओं से मुक्त हो. अपनी आत्मा को पाने में सफल हो.

यावान् अर्थ उदपाने सर्वतः सम्प्लुतोदके।
तावान् सर्वेषु वेदेषु ब्राह्मणस्य विजानतः।।४६।।

भारी बाढ़ आ जाने पर बेचारे पोखर की क्या बिसात! ज्ञान पा लेने पर ब्राह्मण के लिए वही हालत सारे वेदों की हो जाती है.

कर्मण्येवाधिकारस् ते मा फलेषु कदाचन।
मा कर्म-फल-हेतुर् भूर् मा ते सङ्गोऽस्त्वकर्मणि।।४७।।

तेरा अधिकार कर्म में ही है, फल में कभी नहीं. तू कर्म में फल की इच्छा मत कर. कभी कर्म से मुँह मत मोड़!

योगस्थः कुरु कर्माणि सङ्गं त्यक्त्वा धनञ्जय।
सिद्ध्य्-असिद्ध्योः समो भूत्वा समत्वं योग उच्यते।।४८।।

योग में स्थित हो. कर्म कर. आसक्ति को त्याग. धनंजय, कर्म की सिद्धि और असिद्धि को—सफलता और असफलता को—एक समान

समझ. इस सम भाव को योग कहते हैं.

दूरेण ह्यवरं कर्म बुद्धि-योगाद् धनञ्जय।
बुद्धौ शरणम् अन्विच्छ कृपणाः फल-हेतवः।।४९।।

कर्म तो बुद्धि योग के सामने अत्यंत तुच्छ है. धनंजय, तू बुद्धि की शरण में जाने की इच्छा कर. फल की कामना से कर्म करने वाले दीन हैं.

बुद्धियुक्तो जहातीह उभे सुकृत-दुष्कृते।
तस्माद् योगाय युज्यस्व योगः कर्मसु कौशलम्।।५०।।

बुद्धि को योग में लगा कर पुरुष पुण्य और पाप को—अच्छे ओर बुरे कर्म को—फेंक देता है. इस लिए तू योग की साधना कर. काम को अच्छी तरह करने का, कर्म में कुशलता का, दक्षता का, नाम योग है.

कर्मजं बुद्धियुक्ता हि फलं त्यक्त्वा मनीषिणः।
जन्म-बन्ध-विनिर्मुक्ताः पदं गच्छन्त्य् अनामयम्।।५१।।

बुद्धि योग प्राप्त हो जाने पर मनीषी जन—ज्ञानी विचारी लोग—कर्म के फल का त्याग देते हैं. ऐसा कर के वे जन्म के बंधन से मुक्त हो जाते हैं और दोषहीन पद को पाते हैं.

यदा ते मोह-कलिलं बुद्धिर् व्यति-तरिष्यति।
तदा गन्तासि निर्वेदं श्रोतव्यस्य श्रुतस्य च।।५२।।

जब तेरी बुद्धि मोह के—§ाम के, अज्ञान के—दलदल को पार कर लेगी तो तू श्रुत और श्रोत्वय से निर्वेद हो जाएगा—श्रुत (वेद जो सुने जा चुके हैं) और श्रोतव्य (वेदों पर प्रवचन जो सुनने योग्य हैं) तेरे लिए निरर्थक हो जाएँगे.

श्रुति-विप्रतिपन्ना ते यदा स्थास्यात निश्चला।
समाधाव् अचला बुद्धिस् तदा योगम् अवाप्स्यसि।।५३।।

परस्पर विरोधी बातें, वाद विवाद, सुन कर तेरी बुद्धि विचलित हो चुकी है. समाधि में केंद्रित हो कर, आत्म चिंतन करने पर, यह अचल और निश्चल हो कर ठहर जाएगी. तब तुझे योग प्राप्त होगा.

अर्जुनोवाच

स्थित-प्रज्ञस्य का भाषा समाधिस्थस्य केशव।
स्थित-धीः किं प्रभाषेत किम् आसीत व्रजेत किम्।।५४।।

अर्जुन ने कहा

केशव, समाधि में स्थित और स्थिर बुद्धि वाले—स्थितप्रज्ञ—पुरुष की परिभाषा क्या है, उस के लक्षण क्या हैं? स्थिर बुद्धि वाला मनुष्य कैसे बोले, कैसे बैठे, कैसे चले?

श्रीभगवान् उवाच

प्रजहाति यदा कामान् सर्वान् पार्थ मनोगतान्।
आत्मन्य् एवात्मना तुष्टः स्थित-प्रज्ञस् तदोच्यते।।५५।।

श्री भगवान ने कहा

जब कोई अपने मन की सारी कामनाओं,—इच्छाओं, चाहतों—को त्याग देता है, तो उसे स्थितप्रज्ञ कहते हैं. पृथा पुत्र अर्जुन (पार्थ), तब वह आत्मा द्वारा आत्मा में, अपने द्वारा अपने में, ही संतुष्ट रहता है.

दुःखेष्व् अनुद्विग्न-मनाः सुखेषु विगत-स्पृहः।
वीत-राग-भय-क्रोधः स्थित-धीर् मुनिर् उच्यते।।५६।।

दुःख मिलने पर उस का मन शोक से व्याकुल नहीं होता. सुख की लालसा उसे नहीं होती. वह रागहीन होता है—उस का मन कहीं चिपका नहीं होता. उसे डर नहीं होता. उसे क्रोध नहीं आता. ऐसे मननशील मुनि को स्थितधी या स्थितप्रज्ञ कहा जाता है.

यः सर्वत्राऽऽनभिस्नेहस् तत् तत् प्राप्य शुभाशुभम्।
नाभिनन्दति न द्वेष्टि तस्य प्रज्ञा प्रतिष्ठिता।।५७।।

उसे कहीं भी लगाव नही है, स्नेह नहीं है. भला और बुरा मिलने पर वह न ख़ुश होता है और न दुःख मनाता है. ऐसे मनुष्य की प्रज्ञा स्थिर है.

यदा संहरते चायं कूर्मोऽङ्गानीव सर्वशः।
इन्द्रियाणीऽऽन्द्रियार्थेभ्यस् तस्य प्रज्ञा प्रतिष्ठिता।।५८।।

स्थिर होने के लिए कछुआ अपने अंगों को पूरी तरह भीतर समेट लेता है. वैसे ही जब कोई अपनी सारी इंद्रियों को उन के विषय भोगों से हटा कर आत्मकेंद्रित कर लेता है, तब उस की प्रज़्ा स्थिर होती है.

विषया विनिवर्तन्ते निराहारस्य देहिनः।
रसवर्जं रसोऽप्यस्य परं दृष्ट्वा निवर्तते।।५९।।

भोगों का त्याग करने से देहधारी आत्मा के विषय भोग छूट जाते हैं. पर उन विषयों का रस, उन की चाहत, नहीं छूटती. लेकिन परम को—अंतिम सत्य को—देखने पर यह चाहत भी छूट जाती है.

यततो ह्यपि कौन्तेय पुरुषस्य विपश्चितः।
इन्द्रियाणि प्रमाथीनि हरन्ति प्रसभं मनः।।६०।।

कौंतेय, प्रयत्नशील और बुद्धिमान मनुष्य के मन को भी इंद्रियाँ ज़बरदस्ती विचलित कर देती हैं, क्यों कि वे बड़ी शक्तिशाली होती हैं.

तानि सर्वाणि संयम्य युक्त आसीत मत्परः।
वशे हि यस्येन्द्रियाणि तस्य प्रज्ञा प्रतिष्ठिता।।६१।।

उन सब इंद्रियों को संयमित कर के योग की साधना में बैठे और मुझ में मन लगाए. इस प्रकार जो इंद्रियों को वश में कर लेता है, उस की प्रज़्ा स्थिर है.

ध्यायतो विषयान् पुंसः सङ्गस् तेषूपजायते।
सङ्गात् सञ्जायते कामः कामात् क्रोधोऽभिजायते।।६२।।

विषय भोगों में मन लगाने से, उन का ध्यान करने से मनुष्य भोगों में आसक्त हो जाता है. इस आसक्ति से काम का—इच्छा का—जन्म होता है. काम से क्रोध उत्पन्न होता है.

क्रोधाद् भवति सम्मोहः सम्मोहात् स्मृति-विभ्रमः।
स्मृति-भ्रंशाद् बुद्धि-नाशो बुद्धि-नाशात् प्रणश्यति।।६३।।

क्रोध से भ्रम यानी अविवेक यानी सम्मोह होता है. सम्मोह से स्मरण शक्ति जाती रहती है. स्मरण शक्ति न रहे तो बुद्धि को नाश हो जाता है. बुद्धि का नाश होने पर वह स्वयं नष्ट हो जाता है.

राग-द्वेष-वियुक्तैस् तु विषयान् इन्द्रियैश् चरन्।
आत्म-वश्यैर् विधेयात्मा प्रसादम् अधिगच्छति।।६४।।

मनुष्य राग और द्वेष से दूर हो तो उसे न तो सुख की इच्छा होती है न दुःख की अनिच्छा. वह मात्र अपनी इंद्रियों से सांसारिक विषयों का भोग करता है. वह अपने को पूरी तरह नियंत्रण में रखता है. उसे मन की शांति—भीतर का प्रसाद—मिलता है.

प्रसादे सर्व-दुःखानां हानिर् अस्योपजायते।
प्रसन्न-चेतसो ह्याशु बुद्धिः पर्यवतिष्ठते।।६५।।

आंतरिक प्रसाद मिलने पर उस के सारे दुःख दूर हो जाते हैं. ऐसे प्रसन्नचित् पुरुष की बुद्धि पूर्णतः स्थिर हो जाती है.

नास्ति बुद्धिर् अयुक्तस्य न चायुक्तस्य भावना।
न चाभावयतः शान्तिर् अशान्तस्य कुतः सुखम्।।६६।।

जिसे योग न मिला हो, उस में बुद्धि नहीं होती, न ही उस में भावना—दृढ़ निष्ठा—होती है. भावनाहीन को शांति नहीं मिलती. जिसे शांति नहीं, उसे सुख कहाँ?

इन्द्रियाणां हिं चरतां यन् मनोऽनुविधीयते।

तद् अस्य हरति प्रज्ञा वायुर् नावम् इवाम्भसि।।६७।।

इंद्रियों के पीछे पीछे भागने वाला मन बुद्धि को वैसे ही भगा ले जाता है जैसे हवा नाव को पानी में भगा ले जाती है.

तस्माद् यस्य महाबाहो निगृहीतानि सर्वशः।
इन्द्रियाणीऽऽन्द्रियार्थेभ्यस् तस्य प्रज्ञा प्रतिष्ठिता।।६८।।

इस लिए, महाबाहु, जिस ने अपनी इंद्रियों को विषय भोगों से पूरी तरह हटा लिया है, उस की प्रज्ञा स्थिर है.

या निशा सर्व-भूतानां तस्यां जागर्ति संयमी।
यस्यां जाग्रति भूतानि सा निशा पश्यतो मुनेः।।६९।।

सब लोगों के लिए जो निशा है, रात है, संयमी जन उस में जागता है. प्राणियों के जागरण काल को मुनि रात समझता है. (सांसारिक प्राणी जब आराम करते हैं, बेख़बर होते हैं, तब भी संयमी जन साधना करता है. जिस संसार को साधारण जन भोगते हैं, उसे मुनि अंधकारमय समझता है.)

आपूर्यमाणम् अचल-प्रतिष्ठं
समुद्रम् आपः प्रविशन्ति यद्वत्
तद्वत् कामा यं प्रविशन्ति सर्वे
स शान्तिम् आप्नोति न काम-कामी।।७०।।

सब ओर से भरे पूरे समुद्र में चारों ओर से आ कर नदियाँ समाती रहती हैं और उसे विचलित नहीं कर पातीं. इसी तरह सारी कामनाएँ जिस पुरुष में समाती हैं, शांति उसे मिलती है, न कि कामनाओं के पीछे भागने वाले को.

विहाय कामान् यः सर्वान् पुमांश् चरति निःस्पृहः।
निर्ममो निरहङ्कारः स शान्तिम् अधिगच्छति।।७१।।

कामनाओं को त्याग कर जो पुरुष बिना लालसा के आचरण करता है, उस में ममता नहीं होती—वह किसी को अपना नहीं समझता. वह निरहंकार होता है—उस में मैं नहीं होता. वह अपने को कर्मों का कर्ता नहीं मानता. उसे शांति मिलती है.

एषा ब्राह्मी स्थितः पार्थ नैनां प्राप्य विमुह्यति।
स्थित्वास्याम् अन्तकालेऽपि ब्रह्म-निर्वाणम् ऋच्छति।।७२।।

पार्थ, यह ब्राह्मी स्थिति है. इसे पा कर मोह—§ाम—नहीं रहता. अंत काल में, मृत्यु के समय भी, इस में स्थित हो तो ब्रह्म निर्वाण मिलता है.

इति श्रीमद्-भगवद्-गीतासु उपनिषत्सु ब्रह्म-विद्यायां योग-शास्त्रे श्री-कृष्णार्जुन-संवादे सांख्य-योगो नाम द्वितीयोऽध्यायः

यह था श्रीमद् भगवद् गीता उपनिषद ब्रह्म विद्या योग शास्त्र श्री कृष्ण अर्जुन संवाद में सांख्य योग नाम का दूसरा अध्याय

तृतीयोऽध्यायः

कर्म योग

अर्जुनोवाच

ज्यायसी चेत् कर्मणस् ते मता बुद्धिर् जनार्दन।
तत् किं कर्मणि घोरे मां नियोजयसि केशव।।१।।

अर्जुन ने कहा

जनार्दन, आप के मत से बुद्धि अगर कर्म से बेहतर है, तो फिर, केशव, आप मुझे इस घोर कर्म में क्यों जोत रहे हैं?

व्यामिश्रेणेव वाक्येन बुद्धिं मोहयसीव मे।
तद् एकं वद निश्चित्य येन श्रेयोऽहम् आप्नुयाम्।।२।।

आप की बातें मिली जुली सी है. इस से आप मेरी बुद्धि को भ्रमित सा कर रहे हैं. निश्चय कर के एक बात कहिए, जिस से मैं कल्याण को प्राप्त हो सकूँ.

श्रीभगवान् उवाच

लोकेऽस्मिन् द्विविधा निष्ठा पुरा प्रोक्ता मयानघ।
ज्ञान-योगेन साङ्ख्यानां कर्म-योगेन योगिनाम्।।३।।

श्री भगवान ने कहा

पापहीन (अनघ) अर्जुन, इस संसार में दो प्रकार की निष्ठाएँ हैं—यह मैं ने पहले कहा है. सांख्यों—विचारकों, ज्ञानियों—के लिए ज्ञान योग और योगियों के लिए कर्म योग.

न कर्मणाम् अनारम्भान् नैष्कर्म्यं पुरुषोऽश्नुते।
न च संन्यासनाद् एव सिद्धिं समधिगच्छति।।४।।

ऐसा नहीं है कि काम न करने मात्र से किसी मनुष्य को निष्कर्म स्थिति मिल जाएगी. और यह सोचना भी ग़लत है कि कर्मों से संन्यास लेने मात्र से मोक्ष मिल जाएगा.

न हि कशिचत् क्षणम् अपि जातु तिष्ठत्य् अकर्मकृत्।
कार्यते ह्यवशः कर्म सर्वः प्रकृतिजैर् गुणैः।।५।।

सच तो यह है कि कभी एक पल के लिए भी कर्म के बग़ैर नहीं बैठा जा सकता. मज़बूरन यह सब को करना होता है. कर्म प्रकृति के गुणों की उपज है.

कर्मेन्द्रियाणि संयम्य य आस्ते मनसा स्मरन्।
इन्द्रियार्थान् विमूढात्मा मिथ्याचारः स उच्यते।।६।।

जो मनुष्य अपनी कर्मेंद्रियों को ज़बरदस्ती रोकता है, कर्म नहीं करता, लेकिन मन ही मन इंद्रियों के विषयों को सोचता रहता है, उसे मूर्ख और ढोंगी कहा जाता है.

यस् त्विन्द्रियाणि मनसा नियम्य आरभतेऽर्जुन।
कर्मेंद्रियैः कर्म-योगम् असक्तः स विशिष्यते।।७।।

लेकिन, अर्जुन, जो व्यक्ति मन से इंद्रियों को नियंत्रण में रख कर कर्म करता है, वह अपनी कर्मेंद्रियों से कर्म योग की साधना करता है. वह अनासक्त रहता है. वह मनुष्य श्रेष्ठ है.

नियतं कुरु कर्म त्वं कर्म ज्यायो ह्यकर्मणः।
शरीर-यात्रापि च ते न प्रसिद्धयेद् अकर्मणः।।८।।

जो तेरा नियत कर्म है, तू उसे कर! अकर्म से कर्म बेहतर है. कर्म नहीं करेगा तो तेरे शरीर की यात्रा भी सिद्ध नहीं होगी.

यज्ञार्थात् कर्मणोऽन्यत्र लोकोऽयं कर्म-बन्धनः।
तदर्थं कर्म कौन्तेय मुक्त-सङ्गः समाचर।।९।।

यज्ञ के अतिरिक्त भी अनेक कर्म इस संसार में किए जाते हैं. वे कर्म बाँधते हैं. इस लिए, कौंतेय, तू यज्ञ कर्म कर, उन में आसक्त मत हो.

सहयज्ञाः प्रजाः सृष्ट्वा पुरोवाच प्रजापतिः।
अनेन प्रसविष्यध्वम् एष वोऽस्त्व् इष्ट-कामधुक्।।१०।।

पहले, प्रजापति ने यज्ञ के साथ प्रजा को रचा था, और कहा था : इस यज्ञ से तुम बढ़ो. यह यज्ञ तुम लोगों की कामनाओं को पूरा करने वाली कामधेनु बने...

देवान् भावयतानेन ते देवा भावयन्तु वः।
परस्परं भावयन्तः श्रेयः परम् अवाप्स्यथ।।११।।

इस यज्ञ के द्वारा तुम देवताओं को बढ़ाओ और वे तुम्हें बढ़ाएँ. तुम एक दूसरे का परम कल्याण करो.

इष्टान् भोगान् हि वो देवा दास्यन्ते यज्ञ-भाविताः।
तैर् दत्तान् अप्रदायैभ्यो यो भुङ्क्ते स्तेन एव सः।।१२।।

यज्ञ से बढ़ने पर देवता तुम्हें प्रिय भोग देंगे. उन के प्रसाद में से उन्हें दिए बिना जो भोग करता है, वह चोर और लुटेरा है.

यज्ञ-शिष्टाशिनः सन्तो मुच्यन्ते सर्व-किल्विषैः।
भुञ्जते ते त्वघं पापा ये पचन्त्य् आत्मकारणात्।।१३।।

जो लोग यज्ञ से बचा प्रसाद खाते हैं, वे सब पापों से छूट जाते हैं. लेकिन पापी जन अपने ही लिए पकाते हैं. वे मानो पाप को ही खाते हैं.

अन्नाद् भवन्ति भूतानि पर्जन्याद् अन्न सम्भवः।
यज्ञाद् भवति पर्जन्यो यज्ञः कर्म-समुद्भवः।।१४।।

सब प्राणी अन्न से होते हैं. अन्न वर्षा (पर्जन्य) से होता है. पर्जन्य यज्ञ से होता है. यज्ञ कर्म से होता है.

कर्म ब्रह्मोद्भवं विद्धि ब्रह्माक्षर-समुद्भवम्।
तस्मात् सर्व-गतं ब्रह्म नित्यं यज्ञे प्रतिष्ठितम्।।१५।।

यह समझ कि कर्म ब्रह्म से हुआ है और ब्रह्म अक्षर से—मूल तत्त्व से, इस लिए नित्य किए जाने वाले यज्ञ में सर्वव्यापी ब्रह्म प्रतिष्ठित होता है.

एवं प्रवर्तितं चक्रं नानुवर्तयतीह यः।
अघायुर् इन्द्रियारामो मोघं पार्थ स जीवति।।१६।।

इस कर्म चक्र का पालन न करने वाला मनुष्य पाप में लीन है. वह इंद्रियों के भोगों में लगा है. पार्थ, वह बेकार ही जीवन बिता रहा है.

यस्त्वाऽऽत्म-रतिर् एव स्याद् आत्म-तृप्तश् च मानवः।
आत्मन्येव च सन्तुष्टस् तस्य कार्यं न विद्यते।।१७।।

परंतु जो मनुष्य आत्मा में प्रसन्न है और आत्मा में तृप्त है और आत्मा में ही संतुष्ट है, उस के करने के लिए कोई कर्म नहीं है.

नैव तस्य कृतेनार्थो नाकृतेनेह कश्चन।
न चास्य सर्व-भूतेषु कश्चिद् अर्थ-व्यपाश्रयः।।१८।।

न ही उस को करने से कोई मतलब है और न ही न करने से. न ही वह किसी प्रकार भूत पदार्थों और प्राणियों पर आश्रित रहता है.

तस्माद् असक्तः सततं कार्यं कर्म समाचर।
असक्तो ह्याचरन् कर्म परम् आप्नोति पूरुषः।।१९।।

इस लिए तू पूरी तरह अनासक्त हो और करने योग्य कर्म लगातार कर. कर्म करने वाले अनासक्त पुरुष को परम गति मिलती है.

कर्मणैव हि संसिद्धिम् आस्थिता जनकादयः।
लोक-सङ्ग्रहम् एवापि सम्पश्यन् कर्तुम् अर्हसि।।२०।।

कर्म के द्वारा ही जनक इत्यादि ज्ञानियों को पूर्ण सिद्धि प्राप्त हुई थी. लोक कल्याण की दृष्टि से भी तुझे कर्म करना ही उचित है

यद् यद् आचरति श्रेष्ठस् तत् तद् एवेतरो जनः।
स यत् प्रमाणं कुरुते लोकस् तद् अनुवर्तते।।२१।।

अच्छा आदमी जो और जैसे करता है, अन्य जन वही और वैसे ही करते हैं. वह जो आदर्श बनाता है, दुनिया उस का अनुसरण करती है.

न मे पार्थास्ति कर्तव्यं त्रिषु लोकेषु किञ्चन।
नानवाप्तम् अवाप्तव्यं वर्त एव च कर्मणि।।२२।।

पार्थ, मुझे देख. इन तीन लोकों में मेरे लिए करने को कुछ नहीं है. चाहने लायक़ ऐसी कोई वस्तु नहीं है जो मुझे मिल न चुकी हो. फिर भी मैं कर्म करता हूँ.

यदि ह्यहं न वर्तेयं जातु कर्मण्य् अतन्द्रितः।
मम वर्त्मानुवर्तन्ते मनुष्याः पार्थ सर्वशः।।२३।।

अगर मैं पूरी तरह चौकन्ना रह कर कर्म न करूँ तो, पार्थ, मेरी देखा देखी मनुष्य जन कर्म करना बंद कर देंगे.

उत्सीदेयुर् इमे लोका न कुर्यां कर्म चेद् अहम्।
सङ्करस्य कर्ता स्याम् उपहन्याम् इमाः प्रजाः।।२४।।

यदि मैं कर्म न करूँ तो ये सब लोक नष्ट हो जाएँगे और मैं वर्ण संकरता का कारण हो जाऊँगा और प्रजा का हत्यारा.

सक्ताः कर्मण्य् अविद्वांसो यथा कुर्वन्ति भारत।
कुर्याद् विद्वांस् तथाऽसक्तश् चिकीर्षुर् लोक-सङ्ग्रहम्।।२५।।

अज्ञानी और आसक्त लोग कर्म में लगे रहते हैं. उन की तरह,

भारत, ज्ञानियों को भी कर्म में लगे रहना चाहिए. लेकिन ज्ञानी का कर्म आसक्तिहीन होता है. वह लोक कल्याण की इच्छा से कर्म करता है.

न बुद्धि-भेदं जनयेद् अज्ञानां कर्म-सङ्गिनाम्।
जोषयेत् सर्व-कर्माणि विद्वान् युक्तः समाचरन्।।२६।।

अज्ञानी और आसक्त लोगों की बुद्धि को विचलित करना ज्ञानी मनुष्य का काम नहीं हैं. उसे तो चाहिए को स्वयं को योग से जोड़ कर सारे कर्म अच्छी तरह करे और दूसरों से कराए.

प्रकृतेः क्रियमाणानि गुणैः कर्माणि सर्वशः।
अहङ्कार-विमूढात्मा कर्ताऽऽहम् इति मन्यते।।२७।।

सब कर्म हर प्रकार के प्रकृति के तीनों गुणों द्वारा किए जाते हैं. लेकिन अहंकार की भावना से ग्रस्त मूर्ख प्राणी यह मान लेता है कि वही ये सारे काम कर रहा है.

तत्त्ववित् तु महाबाहो गुण-कर्म-विभागयोः।
गुणा गुणेषु वर्तन्ते इति मत्वा न सज्जते।।२८।।

लेकिन, महाबाहु, जो तत्त्वज्ञानी हैं, वह गुण और कर्म के विभेद को समझता है. वह जानता है कि कर्म वास्तव में प्रकृति के गुणों का आपसी बरताव है—कि गुणों की परस्पर क्रिया प्रतिक्रिया का नाम ही कर्म है. इसलिए ज्ञानी आसक्त नहीं होता.

प्रकृतेर् गुण-सम्मूढाः सज्जन्ते गुण-कर्मसु।
तान् अकृत्स्नविदो मन्दान् कृत्स्नविन् न विचालयेत्।।२९।।

जो लोग प्रकृति के गुणों से §ामित हो जाते हैं, वे गुणों के कर्म में आसक्त हो जाते हैं. वे लोग संपूर्ण को नहीं जानते. उन की बुद्धि मंद होती है. लेकिन जो लोग संपूर्ण को जानते हैं, वे उन अज्ञानियों को विचलित न करें.

मयि सर्वाणि कर्माणि संन्यस्याऽऽध्यात्म-चेतसा।
निराशीर् निर्ममो भूत्वा युध्यस्व विगत-ज्वरः।।३०।।

तू अपने सब कर्म मुझे समर्पित कर दे! अपनी चेतना को अध्यात्म में केंद्रित कर! फल की आशा मत कर! अपनेपन को—ममता को—त्याग! मन से संताप मिटा दे! युद्ध कर!

ये मे मतम् इदं नित्यम् अनुतिष्ठन्ति मानवाः।
श्रद्धावन्तोऽनसूयन्तो मुच्यन्ते तेऽपि कर्मभिः।।३१।।

मेरे इस मत का पालन नित्य प्रति करने वाले मनुष्य श्रद्धावान होते हैं. उन की मानसिकता निंदात्मक नहीं होती. वे कर्मों से भी छूट जाते हैं.

ये त्वेतद् अभ्यसूयन्तो नानुतिष्ठन्ति मे मतम्।
सर्व-ज्ञान-विमूढांस् तान् विद्धि नष्टान् अचेतसः।।३२।।

निंदक प्रवृत्ति वाले लोग मेरे इस मत का पालन नहीं करते. उन का ज्ञान बेकार है. समझ ले कि वे और उन की बुद्धि §ाष्ट हो चुके हैं.

सदृशं चेष्टते स्वस्याः प्रकृतेर ज्ञानवान् अपि।
प्रकृतिं यान्ति भूतानि निग्रहः किं करिष्यति।।३३।।

ज्ञानी भी अपनी प्रकृति—अपने स्वभाव—के अनुरूप आचरण करते हैं. सब भूत पदार्थ और प्राणी प्रकृति पर ही जाते हैं. ज़बरदस्ती का अनुशासन तथा निग्रह क्या कर सकता है?

इन्द्रियस्येऽऽन्द्रियस्यार्थे राग-द्वेषौ व्यवस्थितौ।
तयोर् न वशम् आगच्छेत् तौ ह्यस्य परिपन्थिनौ।।३४।।

हर इंद्रिय का अपना भोग का विषय होता है. इस प्रकार हमारी पाँच ज्ञानेंद्रियों के पाँच इंद्रियार्थ हैं : शब्द, रूप, स्पर्श, गंध और रस. इन्हें भोगने की इच्छा का अर्थ है राग और द्वेष. ये राग और द्वेष इंद्रिय और इंद्रियार्थ में व्यवस्थित हैं. राग और द्वेष—दोनों—के बस में नहीं आवा चाहिए. ये दोनों राह के शत्रु हैं.

श्रेयान् स्वधर्मो विगुणः परधर्मात् स्वनुष्ठितात्।
स्वधर्मे निधनं श्रेयः परधर्मो भयावहः।।३५।।

दूसरे का धर्म—दूसरे का स्वाभाविक कर्म, धंधा, पेशा—कितना ही सहज और अच्छा हो, उस के मुक़ाबले में अपना गुणहीन धर्म बेहतर है. स्वधर्म का पालन करते मरना कल्याणकारी है. परधर्म भयावह है.

अर्जुनोवाच

अथ केन प्रयुक्तोऽयं पापं चरति पूरुषः।
अनिच्छन्न् अपि वार्ष्णेय बलाद् इव नियोजितः।।३६।।

अर्जुन ने कहा

वह कौन है जो मनुष्य को पाप में लगा देता है? वार्ष्णेय, न चाहते हुए भी आदमी पाप करने को विवश हो जाता है. मानो कोई उसे मज़बूर कर रहा हो. ऐसा क्यों होता है?

श्रीभगवान् उवाच

काम एष क्रोध एष रजो-गुण-समुद्भवः।
महाशनो महापाप्मा विद्धय् ऐनम् इह वैरिणम्।।३७।।

श्री भगवान ने कहा

यह काम—यह इच्छा, यह चाहत—और यह क्रोध रजोगुण से पैदा होता है. यह बड़ा भूखा है. यह महापापी है. तू इस बैरी को पहचान ले.

धूमेनाव्रियते वह्निर् यथाऽऽदर्शो मलेन च।
यथोल्बेनाऽऽवृतो गर्भस् तथा तेनेदम् आवृतम्।।३८।।

धुआँ अग्नि को ढँक लेता है. मैल दर्पण को ढँक लेता है. झिल्ली गर्भ को ढँक लेती है. वैसे ही काम ज्ञान को ढँक लेता है.

आवृतं ज्ञानम् एतेन ज्ञानिनो नित्य-वैरिणा।
काम-रुपेण कौन्तेय दुष्पूरेणाऽऽनलेन च।।३९।।

इस काम ने ज्ञान को ढँक रखा है. कौंतेय, यह काम ज्ञानियों का

हमेशा का बैरी है. अग्नि की तरह इस का पेट भरना कठिन है.

इन्द्रियाणि मनो बुद्धिर् अस्याधिष्ठानम् उच्यते।
एतैर् विमोहयत्य् एष ज्ञानम् आवृत्य देहिनम्।।४०।।

कहते हैं कि हमारी इंद्रियाँ, हमारा मन और हमारी बुद्धि इस काम के रहने की जगहें हैं. इन में यह डेरा डालता है. इन के द्वारा यह ज्ञान को ढँक लेता है और इस प्रकार आत्मा को §ामित कर देता है.

तस्मात् त्वम् इन्द्रियाण्य् आदौ नियम्य भरतर्षभ।
पाप्मानं प्रजहि ह्येनं ज्ञान-विज्ञान-नाशनम्।।४१।।

इसलिए, भरत श्रेष्ठ, तू पहले इंद्रियों को बस में कर. ऐसा कर के तू ज्ञान और विज्ञान—अव्यक्त ब्रह्म के ज्ञान और ब्रह्म के व्यक्त रूपों के विज्ञान—के नाशक इस पापी को मार डाल!

इन्द्रियाणि पराण्य् आहुर् इन्द्रियेभ्यः परं मनः।
मनसस् तु परा बुद्धिर् यो बुद्धेः परतस् तु सः।।४२।।

कहते हैं कि स्थूल शरीर के ऊपर इंद्रियाँ है. इंद्रियों के ऊपर मन है. मन के भी ऊपर बुद्धि है. और बुद्धि के ऊपर जो है, वह वह है.

एवं बुद्धेः परं बुद्ध्वा संस्तभ्याऽऽत्मानम् आत्मना।
जहि शत्रुं महाबाहो कामरूपं दुरासदम्।।४३।।

बुद्धि के जो परे है, तू उसे जान. आत्मा के द्वारा आत्मा को नियंत्रित कर. इस प्रकार, महाबाहु, काम रूपी दुर्गम शत्रु को मार डाल!

इति श्रीमद्-भगवद्-गीतासु उपनिषत्सु ब्रह्म-विद्यायां योग-शास्त्रे श्री-कृष्णार्जुन-संवादे कर्म-योगो नाम तृतीयोऽध्यायः

यह था श्रीमद् भगवद् गीता उपनिषद् ब्रह्म विद्या योग शास्त्र श्री कृष्ण अर्जुन संवाद में कर्म योग नाम का तीसरा अध्याय

चतुर्थोऽध्यायः

ज्ञान कर्म संन्यास योग

श्रीभगवान् उवाच

इमं विवस्वते योगं प्रोक्तवान् अहम् अव्ययम।
विवस्वान् मनवे प्राह मनुर् इक्ष्वाकवेऽब्रवीत्।।१।।

श्री भगवान ने कहा

कभी व्यय न होने वाले यह योग मैं ने पहले विवस्वान सूर्य को बताया था. सूर्य ने यह अपने बेटे मनु को बताया. मनु ने यह अपने पुत्र इक्ष्वाकु को बताया.

एवं परम्परा-प्राप्तम् इमं राजर्षयो विदुः।
स कालेनेह महता योगो नष्टः परन्तप।।२।।

एक के बाद एक की परंपरा से राजर्षि इसे जानते आए. लेकिन, परंतप, बहुत काल से यह योग इस लोक में नष्ट हो गया था.

स एवायं मया तेऽद्य योगः प्रोक्तः पुरातनः।
भक्तोऽसि मे सखा चेति रहस्यं ह्येतद् उत्तमम्।।३।।

यह वही पुराना योग आज मैं ने तूझे बताया. तू मेरा भक्त है और सखा है. यह योग रहस्यपूर्ण और उत्तम है.

अर्जुनोवाच

अपरं भवतो जन्म परं जन्म विवस्वतः।
कथम् एतद् विजानीयां त्वम् आदौ प्रोक्तवान् इति।।४।।

अर्जुन ने कहा

आप का जन्म बाद में हुआ. विवस्वान सूर्य का जन्म पहले हुआ था. यह कैसे जानूँ कि आरंभ में आप ने ही यह कहा था?

श्रीभगवान् उवाच

बहूनि मे व्यतीतानि जन्मानि तव चार्जुन।
तान्य् अहं वेद सर्वाणि न त्वं वेत्थ परन्तप।।५।।

श्री भगवान ने कहा

अर्जुन, मेरे बहुत सारे जन्म हो चुके हैं, और तेरे भी. मैं उन सब को जानता हूँ. परंपत, तू नहीं जानता.

अजोऽपि सन्नव्ययात्मा भूतानाम् ईश्वरोऽपि सन्।
प्रकृतिं स्वाम् अधिष्ठाय सम्भवाम्य् आत्म-मायया।।६।।

मैं जन्महीन हूँ. मैं अव्यय हूँ—विकारहीन, परिवर्तनहीन हूँ. मैं सब भूत पदार्थों और प्राणियों का ईश्वर हूँ, स्वामी हूँ. फिर भी अपनी प्रकृति को अधीन कर के मैं अपनी माया के द्वारा बार बार होता हूँ.

यद यदा हि धर्मस्य ग्लानिर् भवति भारत।
अभ्युत्थानम् अधर्मस्य तद् आत्मानं सृजाम्य् अहम्।।७।।

भरत वंशी अर्जुन, जब जब धर्म घटता है और अधर्म बढ़ता है, तब तब मैं अपने आप को बनाता हूँ.

परित्राणाय साधूनां विनाशाय च दुष्कृताम्।
धर्म-संस्थापनार्थाय सम्भवामि युगे युगे।।८।।

भलों की रक्षा करने के लिए, बुरों का नाश करने के लिए, और धर्म की स्थापना के लिए मैं युग युग में होता हूँ.

जन्म कर्म च मे दिव्यम् एवम् यो वेत्ति तत्त्वतः।
त्यक्त्वा देहं पुनर्जन्म नैति माम् एति सोऽर्जुन।।९।।

मेरा जन्म और मेरा कर्म दोनों दिव्य हैं. मेरे इस तत्त्व को जो अच्छी तरह जानता है, वह जब अपने शरीर को त्यागता है, तो, अर्जुन, उस का पुनर्जन्म नहीं होता. वह मुझ में आ जाता है.

वीत-राग-भय-क्रोधा मन्मया माम् उपाश्रिताः।
बहवो ज्ञान-तपसा पूता मद्-भावम् आगताः।।१०।।

राग, भय और क्रोध को त्याग कर बहुत से लोग मेरी शरण में आ गए. वे ज्ञान के तप से पवित्र हो गए, और मुझ में लीन हो गए.

ये यथा मां प्रपद्यन्ते तांस् तथैव भजाम्य् अहम्।
मम वर्त्माऽऽनुवर्तन्ते मनुष्याः पार्थ सर्वशः।।११।।

जो मेरे पास जिस भाव से आते हैं, उसी भाव से मैं उन की भक्ति करता हूँ, वैसे ही मैं उन्हें देता हूँ. पार्थ, हर प्रकार से मनुष्य मेरे ही मार्ग पर आते हैं.

काङ्क्षन्तः कर्मणां सिद्धिं यजन्त इह देवताः।
क्षिप्रं हि मानुषे लोके सिद्धिर् भवति कर्मजा।।१२।।

कर्मों की सिद्धि के लिए—पूर्ति के लिए, सफलता के लिए—लोग यहाँ देवताओं के यज्ञ करते हैं. कर्मों की वह सिद्धि उन्हें मनुष्य लोक में शीघ्र ही मिल जाती है.

चातुर्वर्ण्यं मया सृष्टं गुण-कर्म-विभागशः।
तस्य कर्तारम् अपि मां विद्धय् अकर्तारम् अव्ययम्।।१३।।

ये जो ब्राह्मण, क्षत्रिय, वैश्य और शूद्र नाम के चार वर्ण हैं, इन की रचना मैं ने गुण और कर्म के विभाजन से की है. मैं ने इन की रचना तो की है, फिर भी तू यह समझ कि मैं न तो कुछ करता हूँ, न मुझ में कोई परिवर्तन होता है.

न मां कर्माणि लिम्पन्ति न मे कर्म-फले स्पृहा।

इति मां योऽभिजानाति कर्मभिर् न स बध्यते।।१४।।

न कर्म मुझे लीपते हैं, न कर्म का फल पाने की मेरी कोई लालसा है. मुझे इस प्रकार जो अच्छी तरह जानता है, वह कर्मों से नहीं बँधता.

एवं ज्ञात्वा कृतं कर्म पूर्वैर् अपि मुमुक्षुभिः।
कुरु कर्मैव तस्मात् त्वं पूर्वैः पूर्वतरं कृतम्।।१५।।

यह जान कर मुमुक्षुओं ने—मोक्ष की इच्छा करने वाले ज्ञानियों ने--पूर्व काल में कर्म किया था. इस लिए तू उसी तरह कर्म कर जैसे पूर्वजों ने पहले किया था.

किं कर्म किम् अकर्मेति कवयोऽप्य् अत्र मोहिताः।
तत् ते कर्म प्रवक्ष्यामि यज् ज्ञात्वा मोक्ष्यसेऽशुभात्।।१६।।

कर्म क्या है? अकर्म क्या है? यह तय कर पाना विचारकों के लिए भी §ाामक हो जाता है. इस लिए मैं तुझे बताता हूँ कि कर्म क्या है. यह जान कर तू अशुभ से मुक्त हो जाएगा.

कर्मणो ह्यपि बोद्धव्यं च विकर्मणः।
अकर्मणश् च बोद्धव्यं गहना कर्मणो गतिः।।१७।।

कर्म को जानना चाहिए. साथ ही विपरीत कर्म को और अकर्म को भी समझना चाहिए. कर्म की गति बहुत गहरी है.

कर्मण्य् अकर्म यः पश्येद् अकर्मणि च कर्म यः।
स बुद्धिमान् मनुष्येषु स युक्तः कृत्स्न-कर्मकृत्।।१८।।

जो कर्म में अकर्म देखता है और अकर्म में जिसे कर्म दिखाई देता है, वह मनुष्यों में बुद्धिमान है. यह योगी है. उस ने सब कर्मों को कर लिया है.

यस्य सर्वे समारम्भाः काम-सङ्कल्प-वर्जिताः।
ज्ञानाग्नि-दग्ध-कर्माणं तम् आहुः पण्डितं बुधाः।।१९।।

अध्याय : ४

समझदार लोग पंडित ज्ञानी उसे कहते हैं जो अपने सब समारंभों में से, उद्यमों में से, सब इच्छाओं और संकल्पों को, इरादों और कुलाबों को, सब मनसूबों को निकाल देता है. उस के सब कर्म ज्ञान की अग्नि में जल चुके होते हैं.

त्यक्त्वा कर्म-फलासङ्गं नित्य-तृप्तो निराश्रयः।
कर्मण्य् अभिप्रवृत्तोऽपि नैव किञ्चित् करोति सः।।२०।।

कर्म फल में आसक्ति को त्याग कर सदा तृप्त—संतुष्ट—रहने वाला निराश्रित आदमी कर्मों में लगा होने पर भी कुछ नहीं करता.

निराशीर् यत-चित्तात्मा त्यक्त-सर्व-परिग्रहः।
शारीरं केवलं कर्म कुर्वन् नाप्नोति किल्बिषम्।।२१।।

उसे कोई आशा, अपेक्षा, उम्मीद, तवक्को नहीं होती. वह अपने चित्त और आत्मा को जीत चुका होता है. वह सारे परिग्रह को त्याग चुका होता है—वह आवश्यकता से अधिक संग्रह नहीं करता. वह केवल शरीर से कर्म करता है. ऐसे व्यक्ति को पाप नहीं लगता.

यद्-ऋच्छा-लाभ-सन्तुष्टो द्वन्द्वातीतो विमत्सरः।
समः सिद्धाव् असिद्धौ च कृत्वापि न निबध्यते।।२२।।

कर्म और प्रयास का परिणाम जो भी निकले, उसे वह संतोष के साथ स्वीकार करता है. वह सुख और दुःख आदि द्वंद्वों से ऊपर उठ चुका होता है. वह ईर्ष्या नहीं करता. कर्म की सिद्धि और असिद्धि—सफलता और असफलता—दोनों उस के लिए एक समान होती हैं. कर्म कर के भी ऐसा मनुष्य नहीं बँधता.

गत-सङ्गस्य मुक्तस्य ज्ञानाऽऽवस्थित-चेतसः।
यज्ञायाचरतः कर्म समग्रं प्रविलीयते।।२३।।

मन आसक्तिरहित और मुक्त हो. चेतना ज्ञान में स्थित हो. आचरण

यज्ञ के लिए हो... ऐसे मनुष्य का सारा कर्म विलीन हो जाता है.

ब्रह्मार्पणं ब्रह्म हविर ब्रह्माग्नौ ब्रह्मणा हुतम्।
ब्रह्मैव तेन गन्तव्यं ब्रह्म-कर्म-समाधिना।।२४।।

हवन अर्पण ब्रह्म है. सामग्री ब्रह्म है. अग्नि ब्रह्म है. उस में सामग्री डालने वाला ब्रह्म है. कर्म ब्रह्म है. कर्म की समाधि द्वारा वह जहाँ पहुँचेगा वह भी ब्रह्म है.

दैवम् एवापरे यज्ञं योगिनः पर्युपासते।
ब्रह्मागनाव् अपरे यज्ञं यज्ञेनेवोऽऽपजुह्वति।।२५।।

कुछ योगी देवताओं के निमित्त यज्ञ आदि करते हैं. कुछ अन्य योगी ब्रह्म रुपी अग्नि में यज्ञ के द्वारा यज्ञ को ही होम देते हैं—वे अपने सब यज्ञ कर्म ब्रह्म को समर्पित कर देते हैं.

श्रोत्रादीनीऽऽन्द्रियाण्य् अन्ये संयमाग्निषु जुह्वति।
शब्दादीन् विषयान् अन्य इन्द्रियाग्निषु जुह्वति।।२६।।

कुछ लोग कान आदि इंद्रियों को संयम रुपी अग्नियों में झोंक देते हैं. और कुछ लोग हैं जो इंद्रियों के शब्द आदि विषयों को इंद्रिय रुपी अग्नियों में झोंक देते हैं.

सर्वाणीन्द्रिय-कर्माणि प्राण-कर्माणि चापरे।
आत्म-संयम-योगाग्नौ जुह्वति ज्ञान-दीपिते।।२७।।

कुछ लोग अपनी सब इंद्रियों के कर्मों के साथ साथ प्राण के श्वास प्रश्वास आदि कर्मों को भी योगाग्नि में होम देते हैं. ऐसे लोग ज्ञान की चिंगारी से आत्मसंयम रुपी योग की अग्नि को प्रज्वलित करते हैं.

द्रव्य-यज्ञास् तपो-यज्ञा योग-यज्ञास् तथापरे।
स्वाध्याय-ज्ञान-यज्ञाश् च यतयः संशित-व्रताः।।२८।।

कोई धन संपत्ति के यज्ञ करते हैं. कोई तप और साधना के यज्ञ

करते हैं. कोई योग के यज्ञ करते हैं. प्रखर व्रतों के साधक कई यति संन्यासी स्वाध्याय और ज्ञान रुपी यज्ञ करते हैं.

अपाने जुह्वति प्राणं प्राणेऽपानं तथापरे।
प्राणापान-गती रुद्ध्वा प्राणायाम-परायणाः।।२९।।

... प्राण और अपान वायुओं को साध कर कुछ लोग अपान को प्राण में और प्राण को अपान में झोंक देते हैं. उन की निष्ठा प्राणायाम में होती है.

अपरे नियताहाराः प्राणान् प्राणेषु जुह्वति।
सर्वेऽप्येते यज्ञ-विदो यज्ञ-क्षपित-कल्मषाः।।३०।।

नियत आहार आदि भोग करने वाले कुछ अन्य योगी प्राणों को प्राणों में होम देते हैं. ये सब लोग यज्ञ को जानने वाले हैं. इन्हों ने अपने पापों को यज्ञ की अग्नि में होम दिया है.

यज्ञ-शिष्टामृत-भुजो यान्ति ब्रह्म सनातनम्।
नायं लोकोऽस्त्य् अयज्ञस्य कुतोऽन्यः कुरुसत्तम।।३१।।

जो लोग यज्ञ से बचा अमृतमय प्रसाद पाते हैं उन्हें सनातन ब्रह्म मिलता है. कुरुश्रेष्ठ, जो यज्ञ नहीं करते, उन्हें यह लोक भी नहीं मिलता, परलोक की तो बात ही क्या है?

एवं बहु-विधा यज्ञा वितता ब्रह्मणो मुखे।
कर्मजान् विद्धि तान् सर्वान् एवं ज्ञात्वा विमोक्ष्यसे।।३२।।

इस प्रकार अनेक प्रकार के यज्ञ ब्रह्म मुख तक फैले हैं—ब्रह्म प्राप्ति के लिए लोग अनेक प्रकार के यज्ञ करते हैं. वे सब यज्ञ केवल कर्म द्वारा किए जा सकते हैं. यह बात तुझे जान लेनी चाहिए. यह जान कर तुझे मोक्ष मिलेगा.

श्रेयान् द्रव्यमयाद् यज्ञाज् ज्ञान-यज्ञः परन्तप।

सर्वं कर्माखिलं पार्थ ज्ञाने परिसमाप्यते।।३३।

धन संपत्ति की सहायता से जो भौतिक यज्ञ किए जाते हैं, परंतप, उन से अच्छा ज्ञान का यज्ञ है. पार्थ, संसार के जितने भी कर्म हैं, उन की पराकाष्ठा ज्ञान है.

तद् विद्धि प्रणिपातेन परिप्रश्नेन सेवया।
उपदेक्ष्यन्ति ते ज्ञानं ज्ञानिनस् तत्त्व-दर्शिनः।।३४।।

ज्ञान की प्राप्ति के लिए तू तत्त्वज्ञानियों को झुक कर प्रणाम कर, उन की सेवा कर, उन से प्रश्न कर. वे तुझे ज्ञान का उपदेश देंगे.

यत् ज्ञात्वा न पुनर् मोहम् एवं यास्यसि पाण्डव।
येन भूतान्य् अशेषेण द्रक्ष्यस्य् आत्मन्य् अथो मयि।।३५।।

इस ज्ञान को जान कर फिर कभी तुझे भ्रांति नहीं होगी. पांडव, इस ज्ञान से तू सब भूत पदार्थों और प्राणियों को पहले अपने में और फिर मुझ में देखने लगेगा.

अपि चेद् असि पापेभ्यः सर्वेभ्यः पापकृत्तमः।
सर्वं ज्ञान-प्लवेनैव वृजिनं सन्तरिष्यसि।।३६।।

संसार में जितने पापी हैं, उन में सब से बड़ा पापी भी अगर तू है, तो ज्ञान की इस नौका से तू पापों के सागर को पार कर लेगा.

यथैधांसि समिद्धोऽग्निर् भस्मसात् कुरुतेऽर्जुन।
ज्ञानाग्निः सर्व-कर्माणि भस्मसात् कुरुते तथा।।३७।।

जलती आग ईंधन को भस्म कर देती है. अर्जुन, वैसे ही ज्ञान की अग्नि सारे कर्मों को भस्म कर डालती है.

न हि ज्ञानेन सदृशं पवित्रम् इह विद्यते।
तत् स्वयं योग-संसिद्धः कालेनात्मनि विन्दति।।३८।।

सचमुच ज्ञान जैसा कोई अन्य पावन कर्ता इस संसार में नहीं है.

योग में सिद्धि पाने के पाद समय आने पर मनुष्य को यह ज्ञान अपने आप मिल जाता है.

श्रद्धावाँल् लभते ज्ञानं तत्परः संयतेन्द्रियः।
ज्ञानं लब्ध्वा परां शान्तिं अचिरेणाऽऽधिगच्छति।।३९।।

श्रद्धावान, खोजी और जितेंद्रिय मनुष्य को ज्ञान प्राप्त होता है. ज्ञान प्राप्त होने पर शीघ्र ही उसे परम शांति मिलती है.

अज्ञश् चाश्रद्दधानश् च संशयात्मा विनश्यति।
नायं लोकोऽस्ति न परो न सुखं संशयात्मनः।।४०।।

अज्ञानी, श्रद्धाहीन और दुविधाग्रस्त आदमी नष्ट हो जाता है. दुविधाग्रस्तों के लिए न यह लोक है, न परलोक है, न सुख है.

योग-संन्यस्त-कर्माणं ज्ञान-सञ्छिन्न-संशयम्।
आत्मवन्तं न कर्माणि निबध्नन्ति धनञ्जय।।४१।।

आत्मज्ञानी मनुष्य योग की साधना के द्वारा कर्मों से संन्यास ले चुका होता है. ज्ञान के द्वारा वह अपने संशय को, अपनी दुविधा को, काट चुका होता है. धनंजय, ऐसे आत्मज्ञानी को कर्म बाँधते नहीं.

तस्माद् अज्ञान-सम्भूतं हृत्स्थं ज्ञानासिनाऽऽत्मनः।
छित्त्वैनं संशयं योगम् आतिष्ठोऽत्तिष्ठ भारत।।४२।।

अज्ञान ने तेरे हृदय में संशय—संदेह, दुविधा—पैदा कर दी है. तू उसे ज्ञान की तलवार से काट डाल. योग में स्थित हो. भारत, उठ खड़ा हो.

इति श्रीमद्-भगवद्-गीतासु उपनिषत्सु ब्रह्म-विद्यायां योग-शास्त्रे श्री-कृष्णार्जुन-संवादे ज्ञान-कर्म-संन्यास-योगो नाम चतुर्थोऽध्याय

यह थी श्रीमद् भगवद् गीता उपनिषद ब्रह्म विद्या योग शास्त्र श्री कृष्ण अर्जुन संवाद में ज्ञान कर्म संन्यास योग नाम का चौथा अध्याय

पञ्चमोऽध्यायः

कर्म संन्यास योग

अर्जुनोवाच

संन्यासं कर्मणां कृष्ण पुनर् योगं च शंससि।
यच्छ्रेय एतयोर् एकं तन् मे ब्रूहि सुनिश्चितम्।।१।।

अर्जुन ने कहा

कृष्ण, आप ने कर्मों से संन्यास की और फिर कर्मों के योग की प्रशंसा की. इन में कौन एक हितकारी है—निश्चित कर के मुझे बताइए.

श्रीभगवान् उवाच

संन्यासः कर्म-योगश् च निःश्रेयसकराव् उभौ।
तयोस् तु कर्म-संन्यासात् कर्म-योगो विशिष्यते।।२।।

श्री भगवान ने कहा

संन्यास और कर्म योग दोनों ही कल्याण कारक हैं. लेकिन उन दोनों में संन्यास से बेहतर कर्म योग है.

ज्ञेयः स नित्य-संन्यासी यो न द्वेष्टि न काङ्क्षति।
निर्द्वन्द्वो हि महाबाहो सुखं बन्धात् प्रमुच्यते।।३।।

नित्य संन्यासी उसे समझना चाहिए जो न तो दुःखों से दूर रहना चाहता है और न सुखों की इच्छा करता है. महाबाहु, ऐसा निर्द्वंद्व मनुष्य आसानी से बंधन से छूट जाता है.

साङ्ख्य-योगौ प्रथग् बालाः प्रवदन्ति न पण्डिताः।

एकम् अप्य् आस्थितः सम्यग् उभयोर् विन्दते फलम्।।४।।

सांख्य और योग को केवल बच्चे अलग कहते हैं, पंडित नहीं. इन में से एक में भी इच्छी तरह स्थित मनुष्य को दोनों के फल मिलते हैं.

यत् साङ्ख्यैः प्राप्यते स्थानं तद् योगैर् अपि गम्यते।
एकं साङ्ख्यं च योगं च यः पश्यति स पश्यति।।५।।

सांख्य का पालन कर के जो स्थान मिलता है, योग का अनुसरण कर के भी वहीं पहुँचते हैं. सांख्य और योग को जो एक देखता है, वह देखता है.

संन्यासस् तु महाबाहो दुःखम् आप्तुम् अयोगतः।
योगयुक्तो मुनिर् ब्रह्म नचिरेणाऽऽधिगच्छति।।६।।

महाबाहु, योग के बिना संन्यास को भी पाना कठिन है, जब कि योगी मुनि को ब्रह्म शीघ्र मिल जाता है.

योगयुक्तो विशुद्धात्मा विजितात्मा जितेन्द्रियः।
सर्व-भूतात्म-भूतात्मा कुर्वन्न् अपि न लिप्यते।।७।।

योगी, शुद्धात्मा, आत्मविजेता और जितेंद्रिय मनुष्य उस परमात्मा में समा जाता है जो सारे भूत पदार्थों और प्राणियों की आत्मा है. ऐसा मनुष्य कर्म कर के भी लिप्त नहीं होता.

नैव किञ्चित् करोमीति युक्तो मन्येत तत्त्ववित्।
पश्यञ् शृण्वन् स्पर्शञ् जिघ्रन् अश्नन् गच्छन् स्वपन् श्वसन्।।८।।

तत्त्व ज्ञानी योगी को यही मानना चाहिए कि मैं कुछ भी नहीं कर रहा हूँ. यह जो मैं देख रहा हूँ, सुन रहा हूँ, छू रहा हूँ, सूँघ रहा हूँ, खा रहा हूँ, सो रहा हूँ, साँस ले रहा हूँ...

प्रलपन् विसृजन् गृह्णन्न् उन्मिषन् निमिषन्नपि।
इन्द्रियाणीऽऽन्द्रियार्थेषु वर्तन्ते इति धारयन्।।९।।

बात कर रहा हूँ, विसर्जित कर रहा हूँ, ले रहा हूँ, आँख खोल और बंद कर रहा हूँ... यह सब मैं नहीं कर रहा, बल्कि मेरी इंद्रियाँ अपने अपने विषयों के साथ व्यवहार कर रही हैं.

ब्रह्मण्य् आधाय कर्माणि सङ्गं त्यक्त्वा करोति यः।
लिप्यते न स पापेन पद्म-पत्रम्-इवाम्भसा।।१०।।

जो अपने सब कर्म ब्रह्म को अर्पित कर के और आसक्ति को त्याग कर कर्म करता है, वह पाप से लिप्त नहीं होता, जैसे कमल के पत्ते को पानी नहीं लगता.

कायेन मनसा बुद्ध्या केवलैर् इन्द्रियैर् अपि।
योगिनः कर्म कुर्वन्ति सङ्गं त्यक्त्वाऽऽत्म-शुद्धये।।११।।

योगी जन केवल अपने शरीर, मन, बुद्धि और इंद्रियों से कर्म करते हैं. आत्मा की शुद्धि के लिए वे कर्म में आसक्त नहीं होते.

युक्तः कर्म-फलं त्यक्त्वा शान्तिम् आप्नोति नैष्ठिकीम्।
अयुक्तः काम-कारेण फले सक्तो निबध्यते।।१२।।

योगी कर्म के फल को त्याग देता है. उसे नैष्ठिकी शांति—परम शांति—मिलती है. जो योगी नहीं है वह कामनाओं से भरा होता है और कर्म के फल से चिपका होता है. इस लिए वह बँध जाता है.

सर्व-कर्माणि मनसा संन्यस्यास्ते सुखं वशी।
नव-द्वारे पुरे देही नैव कुर्वन् न कारयन्।।१३।।

सब कर्मों को सच्चे मन से संयम के द्वारा त्याग कर योगी की आत्मा नौ दरवाज़ों वाले इस नगर में, इस शरीर में, बड़े सुख से ऐसे रहती है मानो वह न कुछ करती हो, न करवाती हो.

न कर्तृत्वं न कर्माणि लोकस्य सृजति प्रभुः।
न कर्म-फल-संयोगं स्वभावस् तु प्रवर्तते।।१४।।

अध्याय : ५

यह जो संसार की कर्तृत्व भावना है और ये जो लोक के तमाम कर्म हैं—इन की रचना प्रभु नहीं करता. न ही वह कर्म और उस के फल में जो परस्पर संबंध है उस की रचना करता है. यह सब तो स्वभाव का, प्रकृति का, नियम है और उसी के द्वारा प्रवर्तित होता है.

नादत्ते कस्यचित् पापं न चैव सुकृतं विभुः।
अज्ञानेनावृतं ज्ञानं तेन मुह्यन्ति जन्तवः।।१५।।

विभु—परम शासक, परमात्मा—न किसी का पाप लेता है न पुण्य. अज्ञान ने ज्ञान को ढँक रखा है, इस लिए सब जीव §ामित हो रहे हैं.

ज्ञानेन तु तद् अज्ञानं येषां नाशितम् आत्मनः।
तेषाम् आदित्यवज् ज्ञानं प्रकाशयति तत्परम्।।१६।।

अज्ञान को जो लोग ज्ञान से काट डालते हैं, उन के लिए ज्ञान सूर्य जैसा चमचमा उठता है और 'उस' के दर्शन करा देता है, जो परे है.

तद् बुद्धयस् तदात्मानस् तन्निष्ठास् तत्परायणाः।
गच्छन्त्य् अपुनरावृत्तिं ज्ञान-निर्धूत-कल्मषाः।।१७।।

जिन की बुद्धि उस का रूप हो गई है, जिन की अत्मा उस में रम गई है, जिन की निष्ठा, आस्था, विश्वास उस में हैं, जो उस की ओर उन्मुख है, उन्हें आवागमन के चक्र से मुक्ति मिलती है. उन के पापों को ज्ञान ने नष्ट कर दिया है.

विद्या-विनय-सम्पन्ने ब्राह्मणे गवि हस्तिनि।
शुनि चैव श्वपाके च पण्डिताः सम-दर्शिनः।।१८।।

विद्वान और विनयी ब्राह्मण हो, गाय हो, हाथी हो, कुत्ता हो या चांडाल हो—इन सब को सच्चे ज्ञानी पंडित एक समान देखते हैं.

इहैव तैर् जितः सर्गो येषां साम्ये स्थितं मनः।
निर्दोषं हि समं ब्रह्म तस्माद् ब्रह्मणि ते स्थिताः।।१९।।

उन लोगों ने यहाँ इस जीवन में ही सृष्टि को, सर्ग को, जीत लिया है. उन का मन साम्य भाव में स्थित है. वे मन से यह मानते हैं कि सब एक बराबर हैं. ब्रह्म निर्दोष है और सब में समान भाव से विद्यमान है. इस लिए ज्ञानी जन ब्रह्म में स्थित हैं.

न प्रहृष्येत् प्रियं प्राप्य नोद्विजेत् प्राप्य चाप्रियम्।
स्थिर-बुद्धिर् असम्मूढो ब्रह्मविद् ब्रह्मणि स्थितः।।२०।।

मनचाहा पा कर मनुष्य को हर्षित नहीं होना चाहिए और अनचाहा पा कर दुःखी नहीं होना चाहिए. ऐसे मनुष्य की बुद्धि स्थिर है. वह भ्रमित नहीं है. वह ब्रह्म को जानता है. वह ब्रह्म में स्थित है.

बाह्य-स्पर्शेष्व् असक्तात्मा विन्दत्य् आत्मनि यत् सुखम्।
स ब्रह्म-योग-युक्तात्मा सुखम् अक्षयम् अश्नुते।।२१।।

बाह्य स्पर्शों से असक्त—अनासक्त—होने पर अपने भीतर का सुख मिलता है. ऐसा ब्रह्म योगी मनुष्य अक्षय सुख भोगता है.

ये हि संस्पर्शजा भोगा दुःख-योनय एव ते।
आद्यन्तवन्तः कौन्तेय न तेषु रमते बुधः।।२२।।

बाह्य स्पर्श से मिलने वाले भोग दुःख को ही जन्म देते हैं. इन स्पर्शों का आरंभ और अंत है—वे क्षणभंगुर हैं. कौंतेय, ज्ञानी उन में रमता नहीं.

शक्नोतीऽहैव यः सोढुं प्राक् शरीर-विमोक्षणात्।
काम-क्रोधोद्भवं वेगं स युक्तः स सुखी नरः।।२३।।

इस शरीर का नाश होने से पहले ही, जीते जी, जो काम और क्रोध से होने वाले आवेगों को सह सकता है, वह पुरुष योगी है और सुखी है.

योऽन्तः सुखोऽन्तरारामस् तथान्तर्-ज्योतिर् एव यः।

स योगी ब्रह्म-निर्वाणं ब्रह्म-भूतोऽधिगच्छति।।२४।।

जो अंदर से सुखी होता है. जो अंदर ही प्रसन्न होता है, अंदर ही रमता है. जिस के अंदर प्रकाश फैला होता है. ऐसे योगी को ब्रह्म निर्वाण मिलता है. वह स्वयं ब्रह्म बन जाता है.

लभन्ते ब्रह्म-निर्वाणम् ऋषयः क्षीण-कल्मषाः।
छिन्न-द्वैधां यतात्मानः सर्व-भूत-हिते रताः।।२५।।

ब्रह्म निर्वाण ऐसे ऋषियों को मिलता है जिन के पाप कट गए हों. उन की दुविधा कट गई होती है. वे अपने की जीत चुके होते हैं. वे सब प्राणियों के कल्याण कार्य में लगे रहते हैं.

काम-क्रोध-वियुक्तानां यतीनां यत-चेतसाम्।
अभितो ब्रह्म-निर्वाणं वर्तते विदितात्मनाम्।।२६।।

यति संन्यासी काम और क्रोध से कटे होते हैं. उन्हों ने अपनी चेतना को जीत लिया होता है. उन्हें हर जगह ब्रह्म निर्वाण ही है क्यों कि वे आत्मज्ञानी होते हैं.

स्पर्शान् कृत्वा बहिर् बाह्यांश् चक्षुश् चैवान्तरे भ्रुवोः।
प्राणापानौ समौ कृत्वा नासाभ्यन्तर-चारिणौ।।२७।।

बाह्य स्पर्श को बाहर कर देता है... आँखों को, दृष्टि को, भँवों के बीच में केंद्रित कर लेता है... नाक में विचरण करने वाली प्राण और अपान वायुओं को साध लेता है...

यतेन्द्रिय-मनो-बुद्धिर् मुनिर् मोक्ष-परायणः।
विगतेच्छा-भय-क्रोधो यः सदा मुक्त एव सः।।२८।।

इंद्रियों को और मन और बुद्धि को जीत लेता है... मोक्ष का खोजी मुनि इच्छा, भय और क्रोध को दूर कर देता है. वह मुनि हमेशा मुक्त है.

भोक्तारं यज्ञ-तपसां सर्व-लोक-महेश्वरम्।

सुहृदं सर्व-भूतानां ज्ञात्वा मां शान्तिम् ऋच्छति।।२९।।

सब यज्ञों और तपों को भोगने वाला मैं हूँ. सारे लोकों का महेश्वर मैं हूँ. सब प्राणियों का सखा और शुभ चिंतक मैं हूँ. इस प्रकार मुझे जान कर शांति मिलती है.

इति श्रीमद्-भगवद्-गीतासु उपनिषत्सु ब्रह्म-विद्यायां योग-शास्त्रे श्री-कृष्णार्जुन-संवादे कर्म-संन्यास-योगो नाम पञ्चमोऽध्यायः

यह थी श्रीमद् भगवद् गीता उपनिषद ब्रह्म विद्या योग शास्त्र श्री कृष्ण अर्जुन संवाद में कर्म संन्यास योग नाम का पाँचवाँ अध्याय

षष्ठोऽध्यायः

आत्मसंयम योग

श्रीभगवान् उवाच

अनाश्रितः कर्म-फलं कार्यं कर्म करोति यः।
स संन्यासी च योगी च न निरग्निर् न चाक्रियः।।१।।

श्री भगवान ने कहा

कर्म के फल पर आश्रित नहीं होता, लेकिन करने योग्य सारे काम करता है. ऐसा जन संन्यासी और योगी है, न कि वह जो अग्निहोत्र को, गृहस्थाश्रम को, त्याग कर बैठ जाता है या निठल्ला रहता है.

यं संन्यासम् इति प्राहुर् योगं तं विद्धि पाण्डव।
न ह्य् असंन्यस्त-सङ्कल्पो योगी भवति कश्चन।।२।।

जिसे संन्यास कहते हैं, पांडव, उसे ही तू योग समझ. मन के संकल्पों, इरादों से संन्यास लिए बिना कोई योगी नहीं बनता.

आरुरुक्षोर् मुनेर् योगं कर्म कारणम् उच्यते।
योगारूढस्य तस्यैव शमः कारणम् उच्यते।।३।।

योग की साधना करने वाले मुनि के लिए कर्म साधन होता है. जब वह योग को पा लेता है—योगारुढ़ हो जाता है, योगी बन जाता है—तो शम—शांति, निवृत्ति, विरक्ति—उस का कारण, हेतु, उद्देश्य बन जाती है.

यदा हि नेन्द्रियार्थेषु न कर्मस्व् अनुषज्जते।
सर्व-सङ्कल्प-संन्यासी योगारूढस् तदोच्यते।।४।।

एक समय ऐसा आता है जब वह न तो इंद्रियों के भोगों में आसक्त होता है, न कर्मों में. कर्मों से पीछे जो संकल्प होते हैं, इरादे होते हैं, उन्हें वह त्याग चुका होता है. तभी किसी को योगारुढ—योगी—कहा जाता है.

उद्धरेद् आत्मनाऽऽत्मानं नात्मानम् अवसादयेत्।
आत्मैव ह्यात्मनो बन्धुर् आत्मैव रिपुर् आत्मनः।।५।।

अपना उद्धार अपने आप करना चाहिए. अपने को गिराना नहीं चाहिए. अपने मित्र हम स्वयं ही हैं और स्वयं ही हम अपने शत्रु हैं.

बन्धुर् आत्मात्मनस् तस्य येनात्मैवाऽऽत्मना जितः।
अनात्मनस् तु शत्रुत्वे वर्तेतात्मैव शत्रुवत्।।६।।

अपना मित्र वह है जिस ने अपने आप को जीत लिया है. जिस ने अपने को नहीं जीता, वह अपने शत्रु जैसा बरताव कर रहा है.

जितात्मनः प्रशान्तस्य परमात्मा समाहितः।
शीतोष्ण-सुख-दुःखेषु तथा मानापमानयोः।।७।।

जिस ने अपने को जीत लिया है और शांति पा ली है, वह परमात्मा में समा गया है. वह सर्दी गरमी, सुख दुःख और मान अपमान में शांत रहता है.

ज्ञान-विज्ञान-तृप्तात्मा कूटस्थो विजितेन्द्रियः।
युक्त इत्य् उच्यते योगी सम-लोष्टाश्म-काञ्चनः।।८।।

उस की आत्मा ज्ञान और विज्ञान से तृप्त है. वह अंतर्तम में स्थित है. उस ने अपनी इंद्रियों को जीत लिया है. उसे योगी कहते हैं. मिट्टी, पत्थर और सोने को वह एक समान समझता है.

सुहृन्-मित्रार्युदासीन-मध्यस्थ-द्वेष्य-बन्धुषु।
साधुष्वपि च पापेषु सम-बुद्धिर् विशिष्यते।।९।।

मित्र और शत्रु में वह भेद नहीं करता. उस के लिए न कोई

उदासीन है, न मध्यस्थ. उस के लिए मित्र और शत्रु, अपने और पराए सब बराबर हैं. साधुओं और पापियों को भी वह एक समान समझता है. ऐसा सम बुद्धि वाला मनुष्य उत्तम है, विशेष है.

योगी युञ्जीत सततम् आत्मानं रहसि स्थितः।
एकाकी यत-चितात्मा निराशीर् अपरिग्रहः।।१०।।

योगी को चाहिए कि निर्जन स्थान में वह निरंतर अपने को जोड़े, योग में लगाए. एकांत में अपने आप अपने चित्त और आत्मा को क़ाबू में करे. आशा और आकांक्षा को निकाल दे. अपरिग्रह का पालन करे—आवश्यकता से अधिक संग्रह न करे.

शुचौ देशे प्रतिष्ठाप्य स्थिरम् आसनम् आत्मनः।
नात्युच्छ्रितं नातिनीचं चैलाजिन-कुशोत्तरम्।।११।।

स्वच्छ भूमि पर अपना आसन इस प्रकार बिछाए कि वह हिले नहीं. आसन न तो बहुत ऊँचा हो, न बहुत नीचा. आसन के लिए पहले भूमि पर कुशा—घास—हो, उस के ऊपर मृगछाला हो, और मृगछाला पर मुलायम वस्त्र हो.

तत्रैकाग्रं मनः कृत्वा यत-चित्तेन्द्रिय-क्रियः।
उपविश्यासने युञ्ज्याद् योगम् आत्म-विशुद्धये।।१२।।

वहाँ बैठ कर मन एकाग्र करे. चित्त को और इंद्रियों की क्रियाओं को वश में कर के आत्मा की शुद्धि के लिए योग का अभ्यास करे.

समं काय-शिरो-ग्रीवं धारयन्न् अचलं स्थिरः।
सम्प्रेक्ष्य नासिकाग्रं स्वं दिशश् चानवलोकयन्।।१३।।

शरीर, सिर और गरदन को एक सीध में रखे. अचल बैठे. हिले डुले नहीं. नाक के अगले भाग को देखे. इधर उधर न देखे.

प्रशान्तात्मा विगत-भीर् ब्रह्मचारि-व्रते स्थितः।

मनः संयम्य मच्चित्तो युक्त आसीत मत्परः।।१४।।

अंतःकरण को शांत करे. भय को निकाल दे. ब्रह्माचरण का व्रत ले और उस में स्थित रहे. मन को वश में कर के मुझ में चित्त लगाए. योग की साधना में बैठ कर मेरी और उन्मुख हो.

युञ्जन्न् एवं सदाऽऽत्मानं योगी नियत-मानसः।
शान्तिं निर्वाण-परमां मत्संस्थाम् अधिगच्छति।।१५।।

मन को नियंत्रित कर के योगी अपने को इस प्रकार सदा योग से जोड़े. वह मुझ में रहने वाली परम निर्वाण शांति को पा लेता है.

नात्यश्नतस् तु योगोऽस्ति न चैकान्तम् अनश्नतः।
न चाति-स्वप्नशीलस्य जाग्रतो नैव चार्जुन।।१६।।

जो बहुत खाता है, योग न तो उसे मिलता है और न उसे जो बिल्कुल नहीं खाता. न यह बहुत सोने वाले को मिलता है, अर्जुन, न बहुत जागने वाले को.

युक्ताहार-विहारस्य युक्त-चेष्टस्य कर्मसु।
युक्त-स्वप्नाऽऽवबोधस्य योगो भवति दुःखहा।।१७।।

यथायोग्य खाता है, यथायोग्य विहार करता है. कर्म में यथायोग्य प्रयास करता है. जितना सोना चाहिए उतना सोता है. जितना जागना चाहिए उतना जागता है. ऐसे योगी का योग दुःखों का नाश करता है.

यदा विनियतं चित्तम् आत्मन्य् एवावतिष्ठते।
निःस्पृहः सर्व-कामेभ्यो युक्त इत्य् उच्यते तदा।।१८।।

जब अच्छी तरह नियंत्रित चित्त केवल आत्मा में लग जाता है, तभी कहा जाता है कि सब कामनाओं से विरक्त मनुष्य योग में स्थित है.

यथा दीपो निवातस्थो नेङ्गते सोपमा स्मृता।
योगिनो यत-चित्तस्य युञ्जतो योगम् आत्मनः।।१९।।

अध्याय : ६

जहाँ हवा न हो, वहाँ दीए की लौ न हिलती है, न काँपती है. मन को जीतने वाले योगी के मन की तुलना इसी से की गई है.

यत्रोपरमते चितं निरुद्धं योग-सेवया।
यत्र चैवात्मनाऽऽत्मानं पश्यन्न् आत्मनि तुष्यति।।२०।।

एक अवस्था ऐसी आती है जब योग के अभ्यास के द्वारा मन सब विषयों से हट जाता है, और योगी आत्मा के द्वारा आत्मा को देख कर आत्मा में संतोष मनाता है...

सुखम् आत्यन्तिकं यत् तद् बुद्धि-ग्राह्यम् अतीन्द्रियम्।
वेत्ति यत्र न चैवायं स्थितश् चलति तत्त्वतः।।२१।।

... तब वह योगी ऐसे अथाह, असीम, आनंद का अनुभव करने लगता है जो इंद्रियों से परे है. यह आनंद शुद्ध बुद्धि के द्वारा ही ग्रहण किया जा सकता है. इस अवस्था को अनुभव कर के वह मूल तत्त्व से विचलित नहीं होता.

यं लब्ध्वा चापरं लाभं मन्यते नाधिकं ततः।
यस्मिन् स्थितो न दुःखेन गुरुणापि विचाल्यते।।२२।।

इस अवस्था को पार कर इस से बड़ा और कोई लाभ मालूम नहीं पड़ता. बड़े से बड़ा दुःख इस अवस्था में विचलित नहीं करता.

तं विद्याद् दुःख-संयोग-वियोगं योग-सञ्ज्ञितम्।
स निश्चयेन योक्तव्यो योगोऽनिर्विण्ण-चेतसा।।२३।।

यह अवस्था जानने योग्य है. इस में दुःख से संयोग का अभाव हो जाता है—दुःख से कोई संबंध नहीं रहता. इस अवस्था को योग कहते हैं. योग की साधना निश्चय ही करने योग्य है. इस की साधना में मन को उकताने से रोकना चाहिए.

सङ्कल्प-प्रभवान् कामांस् त्यक्त्वा सर्वान् अशेषतः।

मनसैवेन्द्रिय-ग्रामं विनियम्य समन्ततः।।२४।।

फल की आशा से उत्पन्न होने वाली तमाम कामनाओं को, चाहतों को, इस तरह और इतना त्याग दे कि कुछ भी शेष न रहे. सारी इंद्रियों को मन के द्वारा सब ओर से नियंत्रित कर ले.

शनैः शनैर् उपरमेद् बुद्ध्या धृति-गृहीतया।
आत्म-संस्थं मनः कृत्वा न किञ्चिद् अपि चिन्तयेत्।।२५।।

धीरे धीरे विरक्त हो जाए. बुद्धि के द्वारा मन को पकड़ ले और बड़े धैर्य से उसे आत्मा में दृढ़तापूर्वक स्थापित कर दे. किसी भी प्रकार का चिंतन न करे... मन को पूरी तरह ख़ाली कर दे.

यतो यतो निश्चरति मनश् चञ्चलम् अस्थिरम्।
ततस् ततो नियम्यैतद् आत्मन्य् एव वशं नयेत्।।२६।।

मन चंचल और अस्थिर है. जहाँ जहाँ भी वह जाता है, वहाँ वहाँ से उसे रोक कर वशपूर्वक, ज़बरदस्ती, आत्मा में ही ले जाए.

प्रशान्त-मनसं ह्येन योगिनं सुखम् उत्तमम्।
उपैति शान्त-रजसं ब्रह्म-भूतम् अकल्मषम्।।२७।।

मन को शांत कर पाने वाले योगी को उत्तम सुख मिलता है. उस योगी का रजोगुण शांत हो जाता है. वह ब्रह्म के साथ एकाकार हो जाता है. वह पाप से दूर हो जाता है.

युञ्जन्नेवं सदाऽऽत्मानं योगी विगत-कल्मषः।
सुखेन ब्रह्म-संस्पर्शम् अत्यन्तं सुखम् अश्नुते।।२८।।

पाप से दूर हो कर योगी अपने को इस प्रकार सदा योग से जोड़े. वह बड़ी आसानी से ब्रह्म को छूने का भारी सुख पा लेता है.

सर्व-भूतस्थम् आत्मानं सर्व-भूतानि चात्मनि।
ईक्षते योग-युक्तात्मा सर्वत्र समदर्शनः।।२९।।

वह सब में अपने आप को और अपने आप में सब को देखने लगता है. इस प्रकार योग पाने वाला योगी सब ओर से समदर्शी हो जाता है.

यो मां पश्यति सर्वत्र सर्वं च मयि पश्यति।
तस्याहं न प्रणश्यामि स च मे न प्रणश्यति।।३०।।

जिसे हर तरफ़ मैं दिखाई देता हूँ, और जिसे मुझ में सब दिखाई देते हैं, उसे मैं कभी नहीं छोड़ूँगा, न वह मुझे छोड़ेगा.

सर्व-भूत-स्थितं यो मां भजत्य् एकत्वम् आस्थितः।
सर्वथा वर्तमानोऽपि स योगी मयि वर्तते।।३१।।

सब भूतों में स्थित मुझे भजने वाला और एकत्व में स्थित योगी सब प्रकार से विद्यमान होने पर भी मुझ में ही निवास करता है.

आत्मौपम्येन सर्वत्र समं पश्यति योऽर्जुन।
सुखं वा यदि वा दुःखं स योगी परमो मतः।।३२।।

हर स्थिति में वह हर एक को अपने जैसा और अपने बराबर मानता है. अर्जुन, सुख हो या दुःख, उस का समभाव डिगता नहीं. ऐसे योगी को परम योगी माना गया है.

अर्जुनोवाच

योऽयं योगस् त्वया प्रोक्तः साम्येन मधुसूदन।
एतस्याहं न पश्यामि चञ्चलत्वात् स्थितिं स्थिराम्।।३३।।

अर्जुन ने कहा

आप ने यह साम्य योग का उपदेश दिया. मधुसूदन, चंचलता के कारण इस में दृढ़ता से स्थिर रह पाना मुझे संभव दिखाई नहीं देता.

चञ्चलं हिं मनः कृष्ण प्रमाथि बलवद् दृढम्।
तस्याहं निग्रहं मन्ये वायोरिव सुदुष्करम्।।३४।।

कृष्ण, मन चंचल तो है ही, वह शक्तिशाली और कठोर आतयायी भी है. उसे बस में रखना मुझे हवा को रोक कर रखने जैसा कठिन मालूम पड़ता है.

श्रीभगवान् उवाच

असंशयं महाबाहो मनो दुर्निग्रहं चलम्।
अभ्यासेन तु कौन्तेय वैराग्येण च गृह्यते।।३५।।

श्री भगवान ने कहा

निस्संदेह, महाबाहु, मन चंचल है. उसे बस में करना बहुत कठिन है. पर, कौंतेय, अभ्यास से और वैराग्य से यह पकड़ में आ सकता है.

असंयतात्मना योगो दुष्प्राप इति मे मतिः।
वश्यात्मना तु यतता शक्योऽवाप्तुम् उपायतः।।३६।।

अपने पर नियंत्रण नहीं किया तो योग की प्राप्ति कठिन ही है. मेरा यही मत है. लेकिन अनेक उपायों से अपने को वश में करने का प्रयत्न करने से योग को पाया जा सकता है.

अर्जुनोवाच

अयतिः श्रद्धयोपेतो योगाच् चलित-मानसः।
अप्राप्य योग-संसिद्धिं कां गतिं कृष्ण गच्छति।।३७।।

अर्जुन ने कहा

कोई पूरा प्रयत्न न करे, लेकिन वह श्रद्धा से भरा हो—अगर ऐसे आदमी का मन योग से बिचल जाए और वह सिद्धि को न पा सके... कृष्ण, ऐसे व्यक्ति का क्या होगा?

कच्चिन् नोभय-विभ्रष्टश् छिन्नाभ्रम् इव नश्यति।
अप्रतिष्ठो महाबाहो विमूढो ब्रह्मणः पथि।।३८।।

कहीं वह दोनों ओर से भ्रष्ट तो नहीं हो जाएगा? फटे बादल की तरह वह नष्ट तो नहीं हो जाएगा? महाबाहु कृष्ण, ब्रह्म के मार्ग से

भटक कर उस का क्या होगा?

एतन् मे संशयं कृष्ण छेत्तुम् अर्हस्य् अशेषतः।
त्वद् अन्यः संशयस्यास्य छेत्ता न ह्युपपद्यते।।३९।।

मेरे इस संशय को, कृष्ण, पूरी तरह काटिए. इस संशय को काटने वाला आप के अलावा कोई और है ही नहीं.

श्रीभगवान् उवाच

पार्थ नैवेह नामुत्र विनाशस् तस्य विद्यते।
न हि कल्याणकृत् कश्चिद् दुर्गतिं तात गच्छति।।४०।।

श्री भगवान ने कहा

पार्थ, भटके योगी का नाश न यहाँ होता है, न वहाँ. मित्र, कल्याण करने वाले किसी जन की कोई दुर्गति नहीं होती.

प्राप्य पुण्यकृतां लोकान् उषित्वा शास्वतीः समाः।
शुचीनां श्रीमतां गेहे योग-भ्रष्टोऽभिजायते।।४१।।

पहले वह उन लोकों में जाता है जहाँ पुण्यात्मा जाते हैं. वहाँ काफ़ी समय बिताने के बाद योग से भटके मनुष्य को जन्म सदाचारी धनवानों के घर में होता है.

अथवा योगीनाम् एव कुले भवति धीमताम्।
एतद्धि दुर्लभतरं लोके जन्म यद् ईदृशम्।।४२।।

या फिर उस का अगला जन्म ज्ञानियों के कुल में होता है. ऐसा पुनर्जन्म संसार में किसी किसी को ही मिलता है.

तत्र तं बुद्धि-संयोगं लभते पौर्व-देहिकम्।
यतते च ततो भूयः संसिद्धौ कुरु-नन्दन।।४३।।

कुरु नंदन, उस नए जन्म में उसे अपने पिछले जन्म की बुद्धि और संस्कार मिलते हैं, जिस से वह फिर सिद्धि के लिए प्रयत्न करता है.

पूर्वाभ्यासेन तेनैव ह्रियते ह्यवशोऽपि सः।
जिज्ञासुर् अपि योगस्य शब्द-ब्रह्माऽऽतिवर्तते।।४४।।

पुराने अभ्यास के कारण नए जन्म में भी वह बेबस सा योग के उसी मार्ग की ओर खिंचा चला जाता है. यह गति तो उस की होती है जो एक बार योग का अभ्यास आरंभ कर देता है. और जो मात्र जिज्ञासु होता है, जिस के मन में योग को जानने की इच्छा जाग उठती है, वह भी शब्दब्रह्म के पार चला जाता है—वेदों में कर्म के जो फल बताए गए हैं, उन से आगे निकल जाता है.

प्रयत्नाद् यतमानस् तु योगी संशुद्ध-किल्बिषः।
अनेक-जन्म-संसिद्धस् ततो याति परां गतिम्।।४५।।

प्रयत्नपूर्वक अभ्यास करने से योगी के पाप शुद्ध हो जाते हैं. अनेक जन्मों के बाद वह सिद्धि पा लेता है. तब उसे परम गति मिल जाती है.

तपस्विभ्योऽधिको योगी ज्ञानिभ्योऽपि मतोऽधिकः।
कर्मिभ्यश् चाधिको योगी तस्माद् योगी भवार्जुन।।४६।।

तपस्वियों से योगी को ऊपर माना गया है. ज्ञानियों और कर्मकांडियों से भी योगी को ऊपर माना गया है. इस लिए, अर्जुन, तू योगी बन.

योगिनाम् अपि सर्वेषां मद्गतेनाऽऽन्तरात्मना।
श्रद्धावान् भजते यो मां स मे युक्ततमो मतः।।४७।।

सब योगियों में भी अच्छा योगी उसे माना जाता है जो अपनी अंतरात्मा मुझ में लगाता है. उस के मन में श्रद्धा होती है. वह मुझे भजता है. उसे मैं योगी मानता हूँ.

इति श्रीमद्-भगवद-गीतासु उपनिषत्सु ब्रह्म-विद्यायां योग-शास्त्रे श्री-कृष्णार्जुन-संवादे ध्यान-योगो नाम षष्ठोऽध्यायः

यह था श्रीमद् भगवद् गीता उपनिषद् ब्रह्म विद्या योग शास्त्र श्री कृष्ण अर्जुन संवाद में ध्यान योग नाम का छठा अध्याय

सप्तमोऽध्यायः

ज्ञान विज्ञान योग

श्रीभगवान् उवाच

मय्यासक्त-मनाः पार्थ योगं युञ्जन् मदाश्रयः।
असंशयं समग्रं मां यथा ज्ञास्यसि तच्छृणु।।१।।

श्री भगवान ने कहा

मुझ में मन लगा कर योग की साधना करने वाला मनुष्य, पार्थ, मेरी शरण में आ कर निस्संदेह और पूरी तरह मुझे किस प्रकार जान पाएगा—यह सुन.

ज्ञानं तेऽहं सविज्ञानम् इदं वक्ष्याम्य् अशेषतः।
यज् ज्ञात्वा नेह भूयोऽन्यज् ज्ञातव्यम् अवशिष्यते।।२।।

वह ज़ान और विज़ान—तत्त्व ज़ान और पदार्थ विज़ान, अव्यक्त परब्रह्म का ज़ान और ब्रह्म के व्यक्त रूपों का विज़ान, इंद्रियातीत ज़ान और इंद्रियाधीन विज़ान—मैं तूझे पूरी तरह समझाऊँगा. कुछ भी बाक़ी नहीं रखूँगा. इसे जान कर संसार में जानने योग्य कुछ और नहीं रहता.

मनुष्याणां सहस्रेषु कश्चिद् यतति सिद्धये।
यतताम् अपि सिद्धानां कश्चिन् मां वेत्ति तत्त्वतः।।३।।

हज़ारों लोगों में कोई एक सिद्धि का प्रयत्न करता है. उन प्रयासशील सिद्धों मे से कोई एक मुझे तत्त्व से जान पाता है.

भूमिर् आपोऽनलो वायुः खं बुद्धिर् एव च।

अहंकार इतीयं मे भिन्ना प्रकृतिर् अष्टधा।।४।।

भूमि, जल, अग्नि, वायु, आकाश, मन, बुद्धि और अहंकार—पृथक सत्ता का बोध—ये मेरी प्रकृति के आठ पहलू हैं.

अपरेयम् इतस् त्वन्यां प्रकृतिं विद्धि मे पराम्।
जीव-भूतां महाबाहो ययेदं धार्यते जगत्।।५।।

यह तो मेरी अपरा प्रकृति है, इस ओर की प्रकृति है, व्यक्त प्रकति है. मेरी प्रकृति का दूसरा पक्ष इस से परे है. उसे तू मेरी परा प्रकृति जान. वह जीव स्वरूप है, सचेतन है. महाबाहु, वह इस संपूर्ण जगत को धारण करती है.

एतद्-योनीनि भूतानि सर्वाणीत्य् उपधारय।
अहं कृत्स्नस्य जगतः प्रभवः प्रलयस् तथा ।।६।।

तू यह समझ कि सारे भौतिक पदार्थ और प्राणी मेरी इन दो प्रकृतियों से बने हैं. इस सारे जगत को बनाने और मिटाने वाला मैं हूँ.

मत्तः परतरं नान्यत् किंचिद् अस्ति धनञ्जय।
मयि सर्वम् इदं प्रोतं सूत्रे मणि-गणा इव।।७।।

धनंजय, मुझ से अलग, मुझ से परे, कुछ भी नहीं है. मुझ में यह सब ऐसे पिरा है जैसे धागे में मनके पिरे होते हैं.

रसोऽहम् अप्सु कौन्तेय प्रभास्मि शशि-सूर्ययोः।
प्रणवः सर्व-वेदेषु शब्दः खे पौरुषं नृषु।।८।।

पानी में मै तरलता हूँ. कौंतेय, सूर्य और चंद्रमा में मैं प्रकाश हूँ. सब वेदों में मैं प्रणव—ओंकार—हूँ. आकाश मे मैं ध्वनि हूँ. और पुरुषों मे मैं पौरुष हूँ.

पुण्यो गन्धः पृथिव्यां च तेजश् चास्मि विभावसौ।
जीवनं सर्व-भूतेषु तपश् चास्मि तपस्विषु।।९।।

पृथिवी में मैं पवित्र गंध हूँ. अग्नि में मैं तेज हूँ. सब प्राणियों में मैं जीवन शक्ति हूँ. तपस्वियों में मैं तप हूँ.

बीजं मां सर्व-भूतानां विद्धि पार्थ सनातनम्।
बुद्धिर् बुद्धिमताम् अस्मि तेजस् तेजस्विनाम् अहम्।।१०।।

पार्थ, तू मुझे भूत पदार्थों और प्राणियों के उद्‌भव का कारण—सनातन बीज—समझ. बुद्धिमानों की बुद्धि मैं हूँ और तेजस्वियों का तेज मैं हूँ.

बलं बलवताम् अस्मि काम-राग-विवर्जितम्।
धर्माविरुद्धो भूतेषु कामोऽस्मि भरतर्षभ।।११।।

मैं बलवानों का ऐसा बल हूँ जिस में न तो कामना है और न राग है. सब प्राणियों की जो इच्छाएँ धर्म के विरुद्ध नहीं हैं, भरत श्रेष्ठ, वह मैं हूँ.

ये चैव सात्त्विका भावा राजसास् तामसाश् च ये।
मत्त एवेति तान् विद्धि न त्वहं तेषु ते मयि।।१२।।

और तू यह भी समझ कि जितने भी सात्त्विक, राजसिक और तामसिक भाव हैं, वे मुझ में हैं. लेकिन मैं उन में नहीं हूँ. वे मुझ में हैं.

त्रिभिर् गुणमयैर् भावैर् एभिः सर्वम् इदं जगत्।
मोहितं नाभिजानाति माम् एभ्यः परम् अव्ययम्।।१३।।

इन तीन गुणों वाले भावों ने इस सारे जगत को मोह रखा है, भ्रमित कर रखा है. यह जगत मुझे ठीक से नहीं जानता क्यों कि मैं इन से परे हूँ और अव्यय हूँ—परिवर्तनहीन हूँ.

दैवी ह्येषा गुणमयी मम माया दुरत्यया।
माम् एव ये प्रपद्यन्ते मायाम् एतां तरन्ति ते।।१४।।

तीन गुणों से युक्त मेरी इस दैवी माया को पार करना कठिन है.

जो मेरी ही शरण आते हैं वे इस माया से तर जाते हैं.

न मां दुष्कृतिनो मूढाः प्रपद्यन्ते नराधमाः।
माययाऽऽपहृत-ज्ञाना आसुरं भावम् आश्रिताः।।१५।।

जो पापी हैं, मूर्ख और नराधम हैं, वे मेरी ओर नहीं आते. उन का ज्ञान माया ने हर लिया है. वे असुरों के भाव में स्थित हैं.

चतुर्विधा भजन्ते मां जनाः सुकृतिनोऽर्जुन।
आर्तो जिज्ञासुर् अर्थार्थी ज्ञानी च भरतर्षभ।।१६।।

मेरी भक्ति करने वाले पुण्यात्मा चार तरह के हैं. अर्जुन, एक—वे जो किसी मुसीबत में होते हैं. दूसरे—वे जो जिज्ञासु हैं, ज्ञान के प्यासे हैं. तीसरे—वे जिन्हें कुछ चाहिए होता है. भरतश्रेष्ठ, चौथे—वे जो ज्ञानी हैं, जिन्हें ज्ञान मिल चुका है.

तेषां ज्ञानी नित्य-युक्त एकभक्तिर् विशिष्यते।
प्रियो हि ज्ञानिनोऽत्यर्थम् अहं स च मम प्रियः।।१७।।

उन में विशेष स्थान ज्ञानी का है. वह नित्य योगी होता है. उस की भक्ति में एकनिष्ठा होती है. ज्ञानी को मैं बहुत प्रिय हूँ और मुझे ज्ञानी से प्रेम है.

उदाराः सर्व एवैते ज्ञानी त्वात्मैव मे मतम्।
आस्थितः स हि युक्तात्मा माम् एवानुत्तमां गतिम्।।१८।।

ये सभी भक्त उदार हैं, अच्छे हैं. पर इन में से ज्ञानी को मैं अपनी आत्मा ही मानता हूँ. उस की आत्मा योगमय है. वह मेरी सर्वोत्तम गति में ही स्थित है.

बहूनां जन्मनाम् अन्ते ज्ञानवान् मां प्रपद्यते।
वासुदेवः सर्वम् इति स महात्मा सुदुर्लभः।।१९।।

बहुत सारे जन्मों के बाद ज्ञानी मेरी शरण में पहुँचता है. वह सब

में मुझ वासुदेव को ही देखता है. ऐसा महात्मा मिलना दुर्लभ है.

कामैस् तैस् तैर् हृत-ज्ञानाः प्रपद्यन्तेऽन्य-देवताः।
तं तं नियमम् आस्थाय प्रकृत्या नियताः स्वया।।२०।।

ज्ञान से भटके मनुष्य अपनी अपनी कामनाओं के अधीन हो जाते हैं और अलग अलग देवताओं की पूजा करते हैं. अपनी प्रकृति के अनुरूप वे उस पूजा के नियम बनाते हैं और उन का पालन करते हैं.

यो यो यां यां तनुं भक्तः श्रद्धयाऽऽर्चितुम् इच्छति।
तस्य तस्याचलां श्रद्धां ताम् एव विदधाम्य् अहम्।।२१।।

जो भक्त जिस भी आकार या देवता की पूजा श्रद्धापूर्वक करना चाहता है, मैं उस की श्रद्धा उसी आकार में दृढ़ करता हूँ.

स तया श्रद्धया युक्तस् तस्याराधनम् ईहते।
लभते च ततः कामान् मयैव विहितान् हि तान्।।२२।।

मेरे द्वारा स्थापित श्रद्धा से युक्त हो कर वह उस देवता की आराधना करता है. उस देवता से उस को जो फल मिलता है, वह मेरे ही द्वारा निर्धारित नियम से मिलता है.

अन्तवत् तु फलं तेषां तद् भवत्य् अल्प-मेधसाम्।
देवान् देव-यजो यान्ति मद्भक्ता यान्ति माम् अपि।।२३।।

लेकिन उन कम बुद्धि वालों को जो फल मिलता है, वह जल्दी ही नष्ट हो जाता है, क्यों कि वह फल क्षणजीवी होता है. जो लोग देवताओं को पूजते हैं, उन्हें देवता मिलेंगे. जो मुझे पूजते हैं, उन्हें मैं मिलता हूँ.

अव्यक्तं व्यक्तिम् आपन्नं मन्यन्ते माम् अबुद्धयः।
परं भावम् अजानन्तो ममाऽऽव्ययम् अनुत्तमम्।।२४।।

मैं अव्यक्त हूँ—मेरा कोई आकार या रूप नहीं है. लेकिन बुद्धिहीन लोग मुझे किसी साकार व्यक्त रूप में आया मानते हैं. वे मेरे अत्युत्तम

और परम तत्त्व को नहीं जानते. वे नहीं जानते कि मैं अव्यय हूँ—निर्विकार और परिवर्तनहीन हूँ.

नाहं प्रकाशः सर्वस्य योग-माया-समावृतः।
मूढोऽयं नाभिजानाति लोको माम् अजम् अव्ययम्।।२५।।

मैं सब के सामने प्रकाशित नहीं होता क्यों कि मैं अपनी योग माया से ढँका हूँ. यह लोक मूढ़ है. यह इस तत्त्व को ठीक से समझ नहीं पाता कि न तो मेरा जन्म होता है, न मुझ में कोई परिवर्तन होता है.

वेदाहं समतीतानि वर्तमानानि चार्जुन।
भविष्याणि च भूतानि मां तु वेद न कश्चन।।२६।।

मैं उस सब जीवों को जानता हूँ जो पहले हो चुके हैं, आजकल हैं और भविष्य में होंगे. अर्जुन, लेकिन मुझे कोई नहीं जानता.

इच्छा-द्वेष-समुत्थेन द्वन्द्व-मोहेन भारत।
सर्व-भूतानि सम्मोहं सर्गे यान्ति परन्तप।।२७।।

सुख भोगने की इच्छा और दुःख भोगने की अनिच्छा से, भारत, द्वंद्व का—मोह पैदा होता है. उस द्वंद्व से, परंतप, सृष्टि के सारे प्राणी भ्रमित हो रहे हैं.

येषां त्वन्तगतं पापं जनानां पुण्य-कर्मणाम्।
ते द्वन्द्व-मोह-निर्मुक्ता भजन्ते मां दृढव्रताः।।२८।।

पुण्य कर्मों से कई लोगों का पाप नष्ट हो गया है. वे द्वंद्व से मुक्त हो गए हैं. दृढ़ निश्चय वाले वे लोग मुझे भजते हैं.

जरा-मरण-मोक्षाय माम् आश्रित्य यतन्ति ये।
ते ब्रह्म तद् विदुः कृत्स्नम् अध्यात्मं कर्म चाखिलम्।।२९।।

बुढ़ापे और मृत्यु के बंधन से मुक्ति के लिए जो लोग मेरी शरण में आते हैं और प्रयत्न करते हैं, वे तद्ब्रह्म को जानते हैं. वे संपूर्ण अध्यात्म

को जानते हैं. वे अखिल कर्म को जानते हैं.

साधिभूताऽऽधिदैवं मां साधियज्ञं च ये विदुः।
प्रयाण-कालेऽपि च मां ते विदुर् युक्त-चेतसः।।३०।।

वे मुझे अधिभूत, अधिदेव और अधियज्ञ सहित जानते हैं, इस प्रकार जो मुझे पूरी तरह जानते हैं, उन की चेतना जुड़ चुकी है. वे योगी अपनी मृत्यु के समय भी मुझे जानते हैं.

इति श्रीमद्-भगवद्-गीतासु उपनिषत्सु ब्रह्म-विद्यायां योग-शास्त्रे श्री-कृष्णार्जुन-संवादे आत्म-संयम-योगो नाम षष्ठोऽध्यायः

यह था श्रीमद् भगवद् गीता उपनिषद् ब्रह्म विद्या योग शास्त्र श्री कृष्ण अर्जुन संवाद में ज्ञान विज्ञान योग नाम का सातवाँ अध्याय

अष्टमोऽध्यायः

अक्षर ब्रह्म योग

अर्जुनोवाच

किं तद्ब्रह्म किम् अध्यात्मं किं कर्म पुरुषोत्तम।
अधिभूतं च किं प्रोक्तम् अधिदैवं किम् उच्यते।।१।।

अर्जुन ने कहा

पुरुषोत्तम, तद्ब्रह्म क्या है? अध्यात्म क्या है? कर्म क्या है? अधिभूत किसे कहते हैं? अधिदैव किसे कहा जाता है?

अधियज्ञः कथं कोऽत्र देहेऽस्मिन् मधुसूदन।
प्रयाण-काले च कथं ज्ञेयोऽसि नियतात्मभिः।।२।।

इस शरीर में अधियज्ञ क्या है? वह कैसे है? मधुसूदन, अंत समय, जाने की बेला में, आत्मसयंमी लोग आप को कैसे जानते हैं?

श्रीभगवान् उवाच

अक्षरं ब्रह्म परमं स्वभावोऽध्यात्मम् उच्यते।
भूत-भावोद्भव-करो विसर्गः कर्म-सञ्ज्ञितः।।३।।

श्री भगवान ने कहा

परम ब्रह्म अक्षर है—उसे क्षरित नहीं किया जा सकता, खंडों में विभाजित नहीं किया जा सकता, तोड़ा नहीं जा सकता.

स्वभाव को अध्यात्म कहते हैं. पृथक—अलग—दिखाई देने वाले अस्तित्वों में जो उन की अपनी प्रकृति, अपने स्वभाव, के साथ रहता है, जो उन के व्यवहार को, उन की क्रिया प्रतिक्रिया को निश्चित—निर्धारित—

करता है, वह अध्यात्म है. उन का जो अपनापन है, जो उन का स्वभाव है, वह उन की उस आत्मा का अधिपति अध्यात्म है.

कर्म वह विसर्ग है, वह उत्सर्जन क्रिया है, जो सब भूत पदार्थों और प्राणियों के अस्तित्व का उद्भव करती है, उन्हें उन की अलग सत्ता प्रदान करती है, उन्हें जन्म देती है.

अधिभूतं क्षरो भावः पुरुषश् चाधिदैवतम्।
अधियज्ञोऽहम् एवात्र देहे देहभृतां वर।।४।।

अधिभूत यानी भूत पदार्थों और प्राणियों का जो अधिपति है, वह उन का अपना क्षर भाव है. वह खंडों में उन की विभक्तता है, विभाजितता है, बँटापन है. वह उन की नश्वरता है.

अधिदेव वह है जो उन के भीतर पुरुष है, जो उन्हें भरता है, पूरता है, जो उन में समाया है, जो उन का चेतन तत्त्व है.

और, देहधारियों में श्रेष्ठ अर्जुन, देह में अधियज्ञ मैं ही हूँ. देह के जितने यज्ञ हैं, अनुष्ठान हैं, उन का स्वामी मैं ही हूँ.

अन्त-काले च माम् एव स्मरन् मुक्त्वा कलेवरम्।
यः प्रयाति स मद्भावं याति नास्त्य् अत्र संशयः।।५।।

और अंत काल में, मरते समय, मुझे ही याद करता हुआ जो शरीर का त्याग करता है, वह मेरे भाव में, मेरे अस्तित्व में मिल जाता है. इस में कोई संशय—कोई संदेह—नहीं है.

यं यं वाऽपि स्मरन् भावं त्यजत्य् अन्ते कलेवरम्।
तं तम् एवैति कौन्तेय सदा तद्-भाव-भावितः।।६।।

जिस जिस को याद करता हुआ कोई अंत काल में अपनी शरीर छोड़ता है, कौंतेय, वह उस में ही मिल जाता है. जो सदा जिस भाव में रहता है, वह वैसा ही बन जाता है.

तस्मात् सर्वेषु कालेषु माम् अनुस्मर युध्य च।

मय्यर्पित-मनो-बुद्धिर् माम् एवैष्यस्य् असंशयम्।।७।।

इस लिए हमेशा मुझे ही याद रख और युद्ध कर. तू अपना मन और बुद्धि मुझे अर्पित कर दे. ऐसा कर के तू मुझे ही पाएगा. इस में कोई संशय, कोई शक, नहीं है.

अभ्यास-योग-युक्तेन चेतसा नान्य-गामिना।
परमं पुरुषं दिव्यं याति पार्थाऽऽनुचिन्तयन्।।८।।

जो अभ्यास कर के योग से जुड़ गया है और अपना चित्त किसी अन्य में नहीं लगाता, वह मनुष्य परम और दिव्य पुरुष तक पहुँचता है. पार्थ, वह मनुष्य निरंतर चिंतन करता है.

कविं पुराणं अनुशासितारम् अणोर् अणीयांसम् अनुस्मरेद् यः।
सर्वस्य धातारम् अचिन्त्य-रूपम् आदित्य-वर्णं तमसः परस्तात्।।९।।

परमात्मा कवि है—मेधावी है. वह पुराण है—पुरातन है. वह अनुशासक है. वह अणु से भी अणु है—सूक्ष्म है. वह सब को धारण करता है. उस के रूप को न सोचा जा सकता है, न समझा जा सकता है. उस का रंग, उस का वर्ण, अंधकार से परे सूर्य सा दमकता है. ऐसे परमात्मा का जो स्मरण करता है...

प्रयाण-काले मनसाऽऽचलेन भक्त्या युक्तो योग-बलेन चैव।
भ्रुवोर् मध्ये प्राणम् आवेश्य सम्यक् स तं परं पुरुषम्
उपैति दिव्यम्।।१०।।

... अंत काल में, मृत्यु के समय, अचल मन से, भक्ति से जुड़ कर, प्राणों को भँवों के बीच में अच्छी तरह जमा कर वह मनुष्य उस परम और दिव्य पुरुष को पाता है.

यद् अक्षरं वेदविदो वदन्ति विशन्ति यद् यतयो वीतरागाः।
यद् इच्छन्तो ब्रह्मचर्यं चरन्ति तत् ते पदं संग्रहेण प्रवक्ष्ये।।११।।

इस पद को वेदों के ज्ञानी जन अक्षर कहते हैं. सुख भोगने की

इच्छा का, राग का, त्याग कर के ही यति संन्यासी इस पद को पाते हैं. इस की इच्छा करने वाले लोग ब्रह्मचर्य पर चलते हैं. वह पद अब मैं तुझे संक्षेप में बताऊँगा.

सर्व-द्वाराणि संयम्य मनो हृदि निरुध्य च।
मूर्धन्य् आधायाऽऽत्मनः प्राणम् आस्थितो योगधारणाम्।।१२।।

शरीर के सब द्वारों को संयम में कर ले. मन को हृदय में रोक ले. अपने प्राण को मूर्धन्य—मस्तक—में जमा कर योग को धारे...

ओम् इत्य् एकाक्षरं ब्रह्म व्याहरन् माम् अनुस्मरन्।
यः प्रयाति त्यजन् देहं स याति परमां गतिम्।।१३।।

... ब्रह्म के एक अक्षर वाले नाम ॐ का उच्चारण करे. इस प्रकार मुझे याद करे और देह को त्यागे. ऐसा करने वाले को परम गति मिलती है.

अनन्य-चेताः सततं यो मां स्मरति नित्यशः।
तस्याहं सुलभः पार्थ नित्य-युक्तस्य योगिनः।।१४।।

वह अपना ध्यान, अपनी चेतना, किसी अन्य में नहीं लगाता. वह हमेशा मेरा ही स्मरण करता है. इस प्रकार मुझ से सदा जुड़े रहने वाले योगी को, पार्थ, मैं बड़ी आसानी से मिल जाता हूँ.

माम् उपेत्य पुनर्जन्म दुःखालयम् अशाश्वतम्।
नाप्नुवन्ति महात्मानः संसिद्धिं परमां गताः।।१५।।

मैं जब एक बार मिल जाता हूँ, तो पुनर्जन्म नहीं होता. यह संसार दुःखों की खान है और नश्वर है. जिन महात्माओं को परम सिद्धि मिल जाती है, वे लौट कर यहाँ नहीं आते.

आब्रह्म-भुवनाल् लोकाः पुनराऽऽवर्तिनोऽर्जुन।
माम् उपेत्य तु कौन्तेय पुनर्जन्म न विद्यते।।१६।।

इस संसार से ब्रह्मलोक को पहुँचने तक जितने लोक हैं, उन्हें पा लेने पर, अर्जुन, बार बार जन्म लेना होता है. लेकिन, कौंतेय, मुझ तक पहुँच जाने के बाद फिर जन्म नहीं होता.

सहस्त्र-युग-पर्यन्तम् अहर् यद् ब्रह्मणो विदुः।
रात्रिं युग-सहस्त्रान्तां तेऽहोरात्र-विदो जनाः।।१७।।

सत्युग, त्रेता, द्वापर और कलियुग—ये चारों युग एक के बाद एक जब हज़ार बार बीत जाते हैं, तब ब्रह्मा का एक दिन होता है. इतनी ही लंबी ब्रह्मा की एक रात होती है. जो लोग यह जानते हैं, वे अहोरात्र को—दिन और रात को—काल की गणना को जानते हैं.

अव्यक्ताद् व्यक्तयः सर्वाः प्रभवन्त्य् अहरागमे।
रात्र्यागमे प्रयलीयन्ते तत्रैवाऽऽवयक्त-सञ्ज्ञके।।१८।।

ब्रह्मा के दिन का आरंभ होने पर अव्यक्त में से सारे व्यक्त पदार्थ और जीव पैदा होते हैं. और जब ब्रह्मा की रात शुरु होती है, तो सब के सब व्यक्त पदार्थ और जीव एक बार फिर अव्यक्त हो जाते हैं—उन की प्रलय हो जाती है.

भूत-ग्रामः स एवायं भूत्वा प्रलीयते।
रात्र्यागमेऽवशः पार्थ प्रभवत्य् अहरागमे।।१९।।

यह भूत समुदाय—होने वालों का यह समूह—बार बार होने के बाद ब्रह्मा की रात आते ही अवश हो कर, बेबस हो कर, प्रलीन हो जाता है, अव्यक्त हो जाता है. पार्थ, ब्रह्मा के दिन का आरंभ होने पर यह फिर व्यक्त हो जाता है.

परस् तस्मात् तु भावोऽन्योऽव्यक्तोऽव्यक्तात् सनातनः।
यः स सर्वेषु भूतेषु नश्यत्सु न विनश्यति।।२०।।

भूत समुदाय की इस अव्यक्तता से परे, इस अव्यक्त से परे, इस से आगे, एक अव्यक्त और है. वह अव्यक्त सनातन है, हमेशा रहता है. वह

सब होने वालों में, भूतों में है. उन के नष्ट होने पर भी वह नष्ट नहीं होता.

अव्यक्तोऽक्षर इत्य् उक्तस् तम् आहुः परमां गतिम्।
यं प्राप्य न निवर्तन्ते तद् धाम परमं मम।।२१।।

उस अव्यक्त को अक्षर कहते हैं. वह परम गति है—अंतिम लक्ष्य है. वहाँ पहुँच कर फिर लौटना नहीं होता. वह मेरा परम धाम है.

पुरुषः स परः पार्थ भक्त्या लभ्यस्त्व् अनन्यया।
यस्यान्तःस्थानि भूतानि येन सर्वम् इदं ततम्।।२२।।

वह जो परम पुरुष है, पार्थ, वह अनन्य भक्ति से मिलता है. ऐसी भक्ति जो केवल उस के लिए है, किसी अन्य के लिए नहीं. जहाँ कोई अन्य नहीं रहता, सब एक हो जाते हैं, उस परम पुरुष के भीतर ये सारे पदार्थ और प्राणी स्थित हैं. वह इस सारे जगत में समाया है.

यत्र काले त्वनावृत्तिम् आवृत्तिं चैव योगिनः।
प्रयाता यान्ति तं कालं वक्ष्यामि भरतर्षभ।।२३।।

वह कौन सा समय है जब देह छोड़ कर योगी फिर से जन्म नहीं लेते, और वह कौन सा समय है जब मृत्यु होने पर फिर जन्म लेना होता है—भरत श्रेष्ठ, अब मैं तुझे यह बताता हूँ.

अग्निर् ज्योतिर् अहः शुक्लः षण्मासा उत्तरायणम्।
तत्र प्रयाता गच्छन्ति ब्रह्म ब्रह्मविदो जनाः।।२४।।

अग्नि, ज्योति, दिन, शुक्ल पक्ष, उत्तरायण के छः मास—ऐसे में जाएँ तो ब्रह्म ज्ञानी ब्रह्म को पाते हैं.

धूमो रात्रिस् तथा कृष्णः षण्मासा दक्षिणायनम्।
तत्र चान्द्रमसं ज्योतिर् योगी प्राप्य निवर्तते।।२५।।

धूम क्षेत्र, रात, कृष्ण पक्ष, दक्षिणायन के छः महीने—ऐसे में

जाने पर योगी चंद्रलोक के प्रकाश को पा कर फिर लौट आता है.

शुक्ल-कृष्णे गती ह्येते जगतः शाश्वते मते।
एकया यात्य् अनावृत्तिम् अन्ययावर्तते पुनः।।२६।।

इस संसार के ये दो शुक्ल और कृष्ण मार्ग सनातन माने गए हैं. एक से जाने पर वापसी नहीं होती. दूसरे से जाने पर लौट कर आना होता है.

नैते सृती पार्थ जानन् योगी मुह्यति कश्चन।
तस्मात् सर्वेषु कालेषु योग-युक्तो भवार्जुन।।२७।।

पार्थ, इन दोनों मार्गों को जानने वाला योगी §ामित नहीं होता. इस लिए, अर्जुन, तू हर काल में योगी बन.

वेदेषु यज्ञेषु तपःसु चैव दानेषु यत् पुण्य-फलं प्रदिष्टम्।
अत्येति तत् सर्वम् इदं विदित्वा योगी परं स्थानम्
उपैति चाद्यम्।।२८।।

वेद, यज्ञ, तपस्या और दान—ये सब पुण्य कर्म हैं. इन्हें करने से अच्छा फल मिलता है. लेकिन जो योगी मेरे द्वारा बताई गई सब बातें जानता है, वह इन के फलों को त्याग कर आगे निकल जाता है और परम पद को पा लेता है.

इति श्रीमद्-भगवद्-गीतासु उपनिषत्सु ब्रह्म-विद्यायां योग-शास्त्रे श्री-कृष्णार्जुन-संवादे अक्षर-ब्रह्म-योगो नाम षष्ठोऽध्यायः

यह था श्रीमद् भगवद् गीता उपनिषद् ब्रह्म विद्या योग शास्त्र श्री कृष्ण अर्जुन संवाद में अक्षर ब्रह्म योग नाम का आठवाँ अध्याय

नवमोऽध्यायः

राजविद्या राजगुह्य योग

श्रीभगवान् उवाच

इदं तु ते गुह्यतमं प्रवक्ष्याम्य् अनसूयवे।
ज्ञानं विज्ञान-सहितं यज् ज्ञात्वा मोक्ष्यसेऽशुभात्।।१।।

श्री भगवान ने कहा

अब मैं तुझे ज्ञान विज्ञान सहित गूढ़ रहस्य बताऊँगा. तू अनसूय है—तुझे ईर्ष्या नहीं है. इसे जान कर तुझे अशुभ से मुक्ति मिलेगा.

राज-विद्या राज-गुह्यं पवित्रम् इदम् उत्तमम्।
प्रत्यक्षावगमं धर्म्यं सुसुखं कर्तुम् अव्ययम्।।२।।

यह सब ज्ञानों का राजा है. यह गूढ़ और गुप्त रहस्यों का राजा है. पवित्र करने वाला है. उत्तम है. इसे प्रत्यक्ष समझा जा सकता है. यह धर्म के अनुरूप है, करने में सहज है और अव्यय है.

अश्रद्दधानाः पुरुषा धर्मस्यास्य परन्तप।
अप्राप्य मां निवर्तन्ते मृत्यु-संसार-वर्त्मनि।।३।।

परंतप, जो लोग इस धर्म में श्रद्धा नहीं करते, वे मुझे नहीं पाते. मृत्यु से भरे इस संसार मार्ग पर वे बार बार आते रहते हैं.

मया ततम् इदं सर्वं जगद् अव्यक्त-मूर्तिना।
मत्स्थानि सर्व-भूतानि न चाहं तेष्व् अवस्थितः।।४।।

यह सारा जगत मुझ से, मेरे अव्यक्त रूप से, ओतप्रोत है. सारे भौतिक पदार्थ और जीव मुझ में हैं. और मैं उन में नहीं हूँ...

न च मत्स्थानि भूतानि पश्य मे योगम् ऐश्वरम्।
भूतभृन् न च भूतस्थो ममात्मा भूत-भावनः।।५।।

... और वे भूत मुझ में नहीं हैं. मेरे योग की महिमा देख! इन भौतिक पदार्थों और प्राणियों को जन्म देने वाली और इन का भरण—पालन—करने वाली मेरी आत्मा इन में नहीं है.

यथाकाश-स्थितो नित्यं वायुः सर्वत्रगो महान्।
तथा सर्वाणि भूतानि मत्स्थानीत्य् उपधारय।।६।।

जिस प्रकार सब कहीं घूमने वाली महान वायु आकाश में स्थित रहती है, तू यह समझ कि वैसे ही सारे भूत मुझ में हैं.

सर्व-भूतानि कौन्तेय प्रकृतिं यान्ति मामिकाम्।
कल्प-क्षये पुनस् तानि कल्पादौ विसृजाम्य् अहम्।।७।।

कौंतेय, जब कल्प का अंत होता है, तो सब भूत समुदाय मेरी प्रकृति में समा जाते हैं. कल्प का आरंभ होने पर मैं फिर से उन्हें निकालता हूँ.

प्रकृतिं स्वाम् अवष्टभ्य विसृजामि पुनः पुनः।
भूत-ग्रामम् इमं कृत्स्नम् अवशं प्रकृतेर् वशात्।।८।।

अपनी प्रकृति को अधीन कर के मैं इस संपूर्ण भूत समुदाय को बार बार सृजित करता हूँ. ये सब मेरी प्रकृति के अधीन हैं.

न च मां तानि कर्माणि निबध्नन्ति धनञ्जय।
उदासीनवद् आसीनम् असक्तं तेषु कर्मसु।।९।।

लेकिन, धनंजय, मेरे ये कर्म मुझे बाँधते नहीं. यह सब करते समय मैं उदासीन की भाँति तटस्थ रहता हूँ और आसक्त नहीं होता.

मयाऽऽध्यक्षेण प्रकृतिः सूयते सचराचरम्।
हेतुनाऽऽनेन कौन्तेय जगद् विपरिवर्तते।।१०।।

मेरी अध्यक्षता में प्रकृति सब चर और अचर जगत को जन्म देती है. इस लिए, कौंतेय, जगत का चक्र चलता रहता है.

अवजानन्ति मां मूढा मानुषीं तनुम् आश्रितम्।
परं भावम् अजानन्तो मम भूत-महेश्वरम्।।११।।

वे मूर्ख लोग मेरा तिरस्कार करते हैं, मेरा महत्व घटाते हैं, जो यह समझते हैं कि सब भूत प्राणियों का महेश्वर और अजन्मा मैं (इन कर्मों को करने के लिए) मानव देह पर आश्रित हूँ. वे मेरे परम भाव—परमात्म तत्त्व—को नहीं जानते.

मोघाशा मोघ-कर्माणो मोघ-ज्ञाना विचेतसः।
राक्षसीम् आसुरीं चैव प्रकृतिं मोहिनीं श्रिताः।।१२।।

उन चेतनाहीन लोगों की आशा बेकार है. उन का कर्म निष्फल है. उन का ज्ञान निरर्थक है. वे मनमोहक राक्षसी और आसुरी प्रकृति पर आश्रित हैं.

महात्मानस् तु मां पार्थ दैवीं प्रकृतिम् आश्रिताः।
भजन्त्य् अनन्य-मनसो ज्ञात्वा भूतादिम् अव्ययम्।।१३।।

लेकिन, पार्थ, जो महात्मा मेरी देवी प्रकृति की शरण में आते हैं, वे अनन्य मन से मुझे भजते हैं—उन का मन किसी अन्य में नहीं होता. वे जानते हैं कि मैं सब को जन्म देता हूँ और अव्यय हूँ.

सततं कीर्तयन्तो मां यतन्तश् च दृढव्रताः।
नमस्यन्तश् च मां भक्त्या नित्य-युक्ता उपासते।।१४।।

वे हमेशा मेरा कीर्तन करते हैं—मेरे गुणों का गान करते हैं. दृढ़ निश्चय से वे हमेशा मुझे पाने का जतन करते हैं. भक्ति के साथ वे मेरे सामने शीश नवाते हैं. वे नित्य योगी हैं. वे मेरी पूजा उपासना करते हैं.

ज्ञान-यज्ञेन चाप्य् अन्ये यजन्तो माम् उपासते।
एकत्वेन पृथक्त्वेन बहुधा विश्वतोमुखम्।।१५।।

कुछ अन्य जन ज्ञान यज्ञ से मेरी उपासना करते हैं. उन में से कुछ लोग मेरी पूजा मुझे एक—अविभाज्य, अविभक्त—मान कर, अद्वैत भाव से करते हैं. कुछ द्वैत भाव से मेरी पूजा करते हैं. कुछ अन्य अकसर मेरी पूजा विश्वरूप में करते हैं.

अहं क्रतुर् अहं यज्ञः स्वधाहम् अहम् औषधम्।
मन्त्रोऽहम् अहम् एवाज्यम् अहम् अग्निर् अहं हुतम्।।१६।।

क्रतु—वैदिक कर्मकांड—मैं हूँ. यज्ञ मैं हूँ. आहुति मैं हूँ. औषध—हवन सामग्री—मैं हूँ. यज्ञ में बोला जाने वाला मंत्र मैं हूँ. मैं ही घी हूँ. मैं ही अग्नि हूँ. जिसे आहुति दी जाती है, वह भी मैं हूँ.

पिताहम् अस्य जगतो माता धाता पितामहः।
वेद्यम् पवित्रम् ओंकार ऋक् साम यजुर् एव च।।१७।।

इस जगत का पिता मैं हूँ, माता मैं हूँ, धाता मैं हूँ, दादा मैं हूँ. जानने योग्य जो पवित्र ओंकार हूँ, वह मैं हूँ. मैं ही ऋग्वेद, सामवेद और यजुर्वेद हूँ.

गतिर् भर्ता प्रभुः साक्षी निवासः शरणं सुहृत्।
प्रभवः प्रलयः स्थानं निधानं बीजम् अव्ययम्।।१८।।

जगत का लक्ष्य मैं हूँ. इस का पालक स्वामी मैं हूँ. इस के कर्मों का साक्षी मैं हूँ. इस का शरणस्थल मैं हूँ. इस का शुभचिंतक मित्र मैं हूँ. इस बनाने और नष्ट करने वाला मैं हूँ. मैं इस का स्थान हूँ. मैं इस का भंडार हूँ. इस का कभी नष्ट न होने वाला बीज मैं हूँ.

तपाम्य् अहं वर्षं निगृह्णाम्य् उत्सृजामि च।
अमृतं चैव मृत्युश् च सद् असच् चाहम् अर्जुन।।१९।।

अर्जुन, मैं तपता हूँ. मैं वर्षा को लाता और बरसाता हूँ. अमरत्व मैं

हूँ और मृत्यु भी मैं ही हूँ. सत् असत्—जो है और नहीं है, विद्यमान और अविद्यमान—मैं हूँ.

त्रैविद्या मां सोमपाः पूतपापा
यज्ञेर् इष्ट्वा स्वर्गतिं प्रार्थयन्ते।
ते पुण्यम् आसाद्य सुरेन्द्रलोकम्
अश्नन्ति दिव्यान् दिवि देवभोगान्।।२०।।

तीनों वेदों को जानने वाले, सोम रस का पान करने वाले और वे लोग जिन के पाप पवित्र हो चुके हैं, यज्ञ के द्वारा मेरी पूजा करते हैं. यज्ञ कर के वे स्वर्ग प्राप्ति की प्रार्थना करते हैं. पुण्यों के प्रताप से उन्हें इंद्रलोक मिल जाता है. वहाँ उन्हें वे सब भोग भोगने को मिलते हैं जो देवताओं को मिलते हैं.

ते तं भुक्त्वा स्वर्गलोकं विशालं
क्षीणे पुण्ये मर्त्यलोकं विशन्ति।
एवं त्रयी-धर्मम् अनुप्रपन्ना
गतागतं कामकामा लभन्ते ।।२१।।

उस समृद्ध—विशाल—स्वर्ग लोक को भोग कर जब उन के पुण्यों का प्रभाव क्षीण हो जाता है, तो वे फिर मर्त्य लोक में आ जाते हैं. इस प्रकार का आवागमन चक्र उन लोगों को मिलता है जो तीनों वेदों के धर्म का आश्रय लेते हैं और फल पाने की इच्छा से कर्म करते हैं.

अनन्याश् चिन्तयन्तो मां ये जनाः पर्युपासते।
तेषां नित्याऽऽभियुक्तानां योगक्षेमं वहाम्य् अहम्।।२२।।

लेकिन किसी अन्य का ध्यान मन में न लाते हुए कुछ लोग मेरा ही चिंतन करते हैं और मेरी ही पूजा करते हैं. उन नित्य योगियों के योग और क्षेम की, कल्याण की, देखभाल मैं स्वयं करता हूँ.

येऽप्य् अन्य देवता-भक्ता यजन्ते श्रद्धयान्विता।

तेऽपि मामेव कौन्तेय यजन्त्य् अविधिपूर्वकम्।।२३।।

श्रद्धा के वशीभूत हो कर जो लोग अन्य देवताओं को भजते हैं, कौंतेय, वे भी मेरी ही पूजा करते हैं. उन की वह पूजा विधिपूर्वक नहीं होती.

अहं हि सर्वयज्ञानां भोक्ता च प्रभुरेव च।
न तु माम् अभिजानन्ति तत्त्वेनातश् च्यवन्ति ते।।२४।।

मैं ही तमाम यज्ञों का भोक्ता हूँ और सब का प्रभु हूँ—यह बात वे ठीक से नहीं जानते. इस लिए चूक जाते हैं.

यान्ति देवव्रता देवान् पितृन् यान्ति पितृव्रताः।
भूतानि यान्ति भूतेज्या यान्ति मद् याजिनोऽपि माम्।।२५।।

जो लोग दवताओं को पूजते हैं, वे देवताओं तक पहुँचते हैं. पितृपूजकों को पितृ मिलते हैं. भौतिक तत्त्वों को पूजने वालों को भौतिक तत्त्व प्राप्त होते हैं. जो मुझे पूजते हैं, उन्हें मैं मिलता हूँ.

पत्रं पुष्पं फलं तोयं यो मे भक्त्या प्रयच्छति।
तदहं भक्त्य् उपहृतम् अश्नामि प्रयतात्मनः।।२६।।

पत्र पुष्प फल जल—जो भी कोई मुझे भक्ति भाव से अर्पित करता है, उस भक्त का वह उपहार मैं स्वीकार करता हूँ.

यत् करोषि यद् अश्नासि यज् जुहोषि ददासि यत्।
यत् तपस्यसि कौन्तेय तत् कुरुष्व मद् अर्पणम्।।२७।।

तू जो भी करे, जो भी खाए, जो भी यज्ञ करे, दान करे, तप करे, कौंतेय, वह सब तू मुझे अर्पित कर.

शुभाशुभ-फलैर् एवं मोक्ष्यसे कर्म-बन्धनैः।
संन्यास-योग-युक्तात्मा विमुक्तो माम् उपैष्यसि।।२८।।

ऐसा कर के तू कर्मों के शुभ और अशुभ फलों से और कर्म के

बंधनों से छूट जाएगा. तू संन्यास और योग—दोनों—से जुड़ जाएगा. इस प्रकार पूरी तरह मुक्त हो कर तू मेरे पास आ जाएगा.

समोऽहं सर्व-भूतेषु न मे द्वेष्योऽस्ति न प्रियः।
ये भजन्ति तु मां भक्त्या मयि ते तेषु चाप्य् अहम्।।२९।।

मैं सब भूत पदार्थों और प्राणियों में समान भाव से हूँ. मैं न तो किसी का बुरा चाहता हूँ, न भला. जो मुझे भक्ति भाव से भजते हैं वे मुझ में हैं और मैं भी उन में हूँ.

अपि चेत् सुदुराचारो भजते माम् अनन्य-भाक्।
साधुर् एव स मन्तव्यः सम्यग् व्यवसितो हि सः।।३०।।

कोई कितना ही कुटिल क्यों न हो, दुराचारी क्यों न हो, अगर वह मुझे भजने लगे और किसी अन्य में मन न लगाए, तो उसे साधु ही मानना चाहिए. उस ने सही निर्णय ले लिया है.

क्षिप्रं भवति धर्मात्मा शश्वच्छान्तिम् निगच्छति।
कौन्तेय प्रतिजानीहि न मे भक्तः प्रणश्यति।।३१।।

जल्दी ही वह धर्मात्मा हो जाता है, और उसे शाश्वत शांति मिल जाती है. कौंतेय, तू यह पक्की तरह समझ ले कि मेरे भक्त का नाश नहीं होता.

मां हि पार्थ व्यपाश्रित्य येऽपि स्युः पापयोनयः।
स्त्रियो वैश्यास् तथा शूद्रास् तेऽपि यान्ति परां गतिम्।।३२।।

मेरी शरण में आ कर, पार्थ, पापियों को भी परम गति प्राप्त होती है. यह परम गति स्त्रियों, वैश्यों और शूद्रों को भी मिलती है.

किं पुनर् ब्राह्मणाः पुण्या भक्ता राजर्षयस् तथा।
अनित्यम् असुखम् लोकम् इमं प्राप्य भजस्व माम्।।३३।।

फिर पुण्यवान ब्राह्मणों और भक्त राजर्षियों का तो कहना ही

किया! इस नाशवान और सुखहीन मर्त्य लोक में तू आया है, तो मेरा भजन कर.

मन्मना भव मद्भक्तो मद्याजी मां नमस्कुरु।
माम् एवैष्यसि युक्त्वैवम् आत्मानं मत्परायणः।।३४।।

अपना मन मुझ में लगा. मेरा भक्त बन. अपने यज्ञ मेरे लिए कर. मुझे नमस्कार कर. जैसा मैं ने बताया है, उस प्रकार अपने को योग में लगा. मेरी ओर उन्मुख हो. तू मुझ में ही आएगा.

इति श्रीमद्-भगवद्-गीतासु उपनिषत्सु ब्रह्म-विद्यायां योग-शास्त्रे श्री-कृष्णार्जुन-संवादे राजविद्या-राजगुह्य-योगो नाम नवमोऽध्यायः

यह था श्रीमद् भगवद् गीता उपनिषद् ब्रह्म विद्या योग शास्त्र श्री कृष्ण अर्जुन संवाद में राजविद्या राजगुह्य योग नाम का नवाँ अध्याय

दशमोऽध्यायः

विभूति योग

श्रीभगवान् उवाच

भूय एव महाबाहो शृणु मे परमं वचः।
यत् तेऽहं प्रीयमाणाय वक्ष्यामि हित-काम्यया।।१।।

श्री भगवान ने कहा

महाबाहु अर्जुन, मेरा परम वचन फिर से सुन. तू मेरा प्रेमी है. तेरे हित की कामना से मैं यह कहता हूँ.

न मे विदुः सुर-गणाः प्रभवं न महर्षयः।
अहम् आदिर् हि देवानां महर्षीणां च सर्वशः।।२।।

मेरे आरंभ को न देवता जानते हैं, न महर्षि. देवताओं और महर्षियों का आरंभ, उन का मूल, हर प्रकार से मैं हूँ.

यो माम् अजम् अनादिं च वेत्ति लोक-महेश्वरम्।
असम्मूढः स मर्त्येषु सर्व-पापैः प्रमुच्यते।।३।।

मैं अजन्मा हूँ—मेरा जन्म नहीं हुआ है. मैं अनादि हूँ—मेरा आरंभ नहीं है. मैं लोकों का महेश्वर हूँ, सर्वोच्च ईश्वर हूँ. जो यह जानता है, नाशवानों में वह मोहरहित है, §ामहीन है. वह सब पापों से मुक्त हो जाता है.

बुद्धिर् ज्ञानम् असम्मोहः क्षमा सत्यं दमः शमः।
सुखं दुःखं भवोऽभावो भयं चाभयम् एव च।।४।।

बुद्धि, ज्ञान, असम्मोह, क्षमा, सत्य, इंद्रियसंयम, मनसंयम, सुख, दुःख, होना, न होना, भय, निर्भयता...

अहिंसा समता तुष्टिस् तपो दानं यशोऽयशः।
भवन्ति भावा भूतानां मत्त एव पृथग्-विधाः।।५।।

... अहिंसा, समता, संतोष, तप, दान, यश, अपयश—ये सब जो प्राणियों के अलग अलग भाव हैं, ये सब मुझ से ही होते हैं.

महर्षयः सप्त पूर्वे चत्वारो मनवस् तथा।
मद्-भावा मानसा जाता येषां लोक इमाः प्रजा।।६।।

सात महर्षि, पहले के चार सनक आदि, और मनु—वे सब मुझ से हुए थे. वे मेरे मानस पुत्र हैं—मैं ने उन्हें अपने मन से, अपनी इच्छा शक्ति से, जन्म दिया था. उन्हीं की यह प्रजा इस लोक में फैली पड़ी है.

एतां विभूतिं योगं च मम यो वेत्ति तत्त्वतः।
सोऽविकल्पेन योगेन युज्यते नात्र संशयः।।७।।

मेरी इस विभूति को और मेरें इस योग को जो तत्त्व से जानता है, वह अपने अभ्यास में काँपता नहीं. वह योग करता है, और मुझ से जुड़ जाता है. इस में कोई संशय नहीं है.

अहं सर्वस्य प्रभवो मत्तः सर्वं प्रवर्तते।
इति मत्वा भजन्ते मां बुधा भाव-समन्विताः।।८।।

मैं सब का जन्मदाता हूँ. मुझ से यह सब चलता है. यह मान कर बुद्धिमान लोग मुझे भजते हैं. उन के भाव, उन के विचार समन्वित हैं, सुस्थिर हैं.

मच्-चित्ता मद्-गत-प्राणा बोधयन्तः परस्परम्।
कथयन्तश् च मां नित्यं तुष्यन्ति च रमन्ति च।।९।।

अपने चित्त और प्राण मुझे अर्पित कर देने वाले लोग एक दूसरे

से मेरी बातें करते हैं. वे एक दूसरे को मेरे बारे में बताते हैं. उन्हें मेरी चर्चा में रस मिलता है और मेरी ही बातों से संतोष होता है.

तेषां सतत-युक्तानां भजतां प्रीतिपूर्वकम्।
ददामि बुद्धि-योगं तं येन माम् उपयान्ति ते।।१०।।

वे हमेशा मुझ से जुड़े रहते हैं. वे प्रीतिपूर्वक मेरा भजन करते हैं. उन्हें मैं बुद्धि योग—ज्ञान योग—देता हूँ. इस से वे मेरे पास आते हैं.

तेषाम् एवानुकम्पार्थम् अहम् अज्ञानजं तमः।
नाशयाम्य् आत्म-भावस्थो ज्ञान-दीपेन भास्वता।।११।।

उन पर कृपा करने के लिए मैं उन के भीतर जो अज्ञान से उत्पन्न अंधकार है, उसे चमकते ज्ञान के दीपक से नष्ट कर डालता हूँ.

अर्जुनोवाच

परं ब्रह्म परं धाम पवित्रं परमं भवान्।
पुरुषं शाश्वतं दिव्यम् आदि-देवम् अजं विभुम्।।१२।।

अर्जुन ने कहा

आप परम ब्रह्म है. आप परम धाम हैं, परम लक्ष्य हैं. आप परम पावनकर्ता हैं. आप शाश्वत दिव्य पुरुष हैं. आप आदि देव हैं. आप अजन्मे हैं. आप सर्वशक्तिमान शासक हैं.

आहुस् त्वाम् ऋषयः सर्वे देवर्षिर् नारदस् तथा।
असितो देवलो व्यासः स्वयं चैव ब्रवीषि मे।।१३।।

सब ऋषि आप को ऐसा ही बताते हैं. देवों के ऋषि नारद ने, असित ने, देवल ने और व्यास ने यही बताया है. और स्वयं आप भी मुझे यह बता रहे हैं.

सर्वम् एतद् ऋतं मन्ये यन् मां वदसि केशव।
न हि ते भगवन् व्यक्तिं विदुर् देवा न दानवाः।।१४।।

यह सब जो आप ने मुझ से कहा, केशव, उसे मैं सच मानता हूँ. भगवान्, आप का रहस्य न देवता जानते हैं, न दानव.

स्वयम् एवात्मनाऽऽत्मानं वेत्थ त्वं पुरुषोत्तम।
भूत-भावन भूतेश देव-देव जगत्पते।।१५।।

आप को जानने वाले स्वयं आप हैं. पुरुषोत्तम, आप भूत पदार्थों और प्राणियों के जन्मदाता हैं. आप उन के ईश्वर हैं—भूतेश हैं. आप देवताओं के देवता हैं. आप जगत के स्वामी हैं.

वक्तुम् अर्हस्य् अशेषेण दिव्या ह्यात्म-विभूतयः।
याभिर् विभूतिभिर् लोकान् इमांस् त्वं व्याप्य तिष्ठसि।।१६।।

अपनी दिव्य विभूतियों के बारे में केवल आप ही इस प्रकार बता सकते हैं कि बताने को कुछ शेष न रहे. उन तमाम विभूतियों के द्वारा आप इन लोकों में व्याप्त हो कर बैठे हैं.

कथं विद्याम् अहं योगिंस् त्वां सदा परिचिन्तयन्।
केषु केषु च भावेषु चिन्त्योऽसि भगवन् मया।।१७।।

सदा आप की चिंतन करता हुआ मैं आप योगी को कैसे जानूँ? भगवान्, किन किन भावों से मैं आप की चिंतन करूँ?

विस्तरेणाऽऽत्मनो योगं विभूतिं च जनार्दन।
भूयः कथय तृप्तिर् हि शृण्वतो नास्ति मेऽमृतम्।।१८।।

जनार्दन, अपना योग और अपनी विभूति मुझे फिर से और विस्तारपूर्वक बताइए. आप के अमृत वचनों को सुन कर मेरी तृप्ति नहीं होती.

श्रीभगवान् उवाच

हन्त ते कथयिष्यामि दिव्या ह्यात्म-विभूतयः।
प्राधान्यतः कुरुश्रेष्ठ नास्त्य् अन्तो विस्तरस्य मे।।१९।।

श्री भगवान ने कहा

हाँ! अपनी प्रधान विभूतियाँ अब मैं तुझे बताता हूँ. कुरुश्रेष्ठ अर्जुन, विस्तार से कहने लगूँ तो उन का अंत ही न हो.

अहम् आत्मा गुडाकेश सर्व-भूताशय-स्थितः।
अहम् आदिश् च मध्यं च भूतानाम् अन्त एव च।।२०।।

गुडाकेश, सब भूतों के भीतर जो स्थित है, वह आत्मा, उन का वह निजत्व, वह अपनापन, मैं ही हूँ. सब भूतों का आरंभ, मध्य और अंत भी मैं हूँ.

आदित्यानाम् अहं विष्णुर् ज्योतिषां रविर् अंशुमान्।
मरीचिर् मरुताम् अस्मि नक्षत्राणाम् अहं शशी।।२१।।

अदिति के बारह पुत्रों—आदित्यों—में मैं विष्णु हूँ. प्रकाशवानों में मैं किरणों वाला सूर्य हूँ. मरुतों में मैं मरीचि हूँ. नक्षत्रों के बीच मैं चंद्रमा हूँ.

वेदानां सामवेदोऽस्मि देवानाम् अस्मि वासवः।
इद्रियाणां मनश् चास्मि भूतानाम् अस्मि चेतना।।२२।।

वेदों में मैं साम वेद हूँ. देवताओं में मैं इंद्र हूँ. इंद्रियों में मैं मन हूँ. भूतों में, प्राणियों में, मैं चेतना हूँ—उन की सचेतन, चालक, शक्ति हूँ.

रुद्राणां शङ्करश् चास्मि वित्तेशो यक्ष-रक्षसाम्।
वसूनां पावकश् चास्मि मेरुः शिखरिणाम् अहम्।।२३।।

रुद्रों मे मैं शंकर हूँ. यक्षों और राक्षसों मे मैं धनपति कुबेर हूँ. वसुओं में मैं पावन कर्ता अग्नि हूँ. शिखर वाले पर्वतों में मैं मेरु हूँ.

पुरोधसां च मुख्यं मां विद्धि पार्थ बृहस्पतिम्।
सेनानीनाम् अहं स्कन्दः सरसाम् अस्मि सागरः।।२४।।

पार्थ, पुरोहितों में तू मुझे देवताओं का पुरोहित बृहस्पति समझ.

अर्जुन, सेनापतियों में मैं देवताओं का सेनापति स्कंद हूँ. जलाशयों में मैं समुद्र हूँ.

महर्षीणां भृगुर् अहं गिराम् अस्म्य् एकम् अक्षरम्।
यज्ञानां जप-यज्ञोऽस्मि स्थावराणां हिमालयः।।२५।।

महर्षियों में मैं भृगु हूँ. वाणी मे मैं एक अक्षर ॐ हूँ. यज्ञों में मैं जपयज्ञ हूँ. अचल पदार्थों में मैं हिमालय हूँ.

अश्वत्थः सर्व-वृक्षाणां देवर्षीणां च नारदः।
गन्धर्वाणां चित्ररथः सिद्धानां कपिलो मुनिः।।२६।।

सब पेड़ों में मैं पीपल का पेड़ अश्वत्थ हूँ. देवर्षियों में मैं नारद हूँ. गंधर्वों में मैं चित्ररथ हूँ. सिद्ध मुनियों में मैं सांख्य का प्रवर्तक कपिल मुनि हूँ.

उच्चैःश्रवसम् अश्वानां विद्धि माम् अमृतोद्भवम्।
ऐरावतं गजेन्द्राणां नराणां च नराधिपम्।।२७।।

घोड़ों में तू मुझे उच्चैःश्रवा समझ, जो अमृत मंथन से उत्पन्न हुआ था और देवताओं के राजा इंद्र का घोड़ा है. हाथियों में मैं ऐरावत हूँ, जो हाथियों का राजा है और इंद्र का हाथी है. मनुष्यों में मैं राजा हूँ.

आयुधानाम् अहं वज्रं धेनूनाम् अस्मि कामधुक्।
प्रजनश् चास्मि कन्दर्पः सर्पाणाम् अस्मि वासुकिः।।२८।।

हथियारों में मैं इंद्र का वज्र हूँ. गायों में मैं कामधेनु हूँ. जन्मदाताओं में मैं कंदर्प—कामदेव हूँ. साँपों में मैं वासुकि हूँ.

अनन्तश् चास्मि नागानां वरुणो यादसाम् अहम्।
पितॄणाम् अर्यमा चास्मि यमः संयमताम् अहम्।।२९।।

नागों में मैं अनंत नाग हूँ. जलचरों में मैं वरुण हूँ. पितरों में मैं पितृ प्रधान अर्यमा हूँ. बाँधने वालो में मैं मृत्यु का देवता यम हूँ.

प्रह्लादश् चास्मि दैत्यानां कालः कलयताम् अहम्।
मृगाणां च मृगेन्द्रोऽहं वैनतेयश् च पक्षिणाम्।।३०।।

दैत्यों में मैं प्रह्लाद हूँ. गिनने वालों मे मैं काल हूँ. पशुओं में सिंह और पक्षियों में विनता का पुत्र गरुड़ हूँ.

पवनः पवताम् अस्मि रामः शस्त्रभृताम् अहम्।
झषाणां मकरश् चास्मि स्रोतसाम् अस्मि जाह्नवी।।३१।

पवित्र करने वालों में मैं पवन हूँ. शस्त्र उठाने वालो में मैं राम हूँ. मछलियों में मैं मगरमच्छ हूँ. नदियों मे मैं गंगा हूँ

सर्गाणाम् आदिर् अन्तश् च मध्यं चैवाहम् अर्जुन।
अध्यात्म-विद्या विद्यानां वादः प्रवदताम् अहम्।।३२।।

अर्जुन, सृष्टियों का आरंभ, अंत और मध्य मैं हूँ. विद्याओं में श्रेष्ठ अध्यात्म विद्या मैं हूँ. विवाद करने वालों का वाद—आरंभिक वक्तव्य, मूल स्थापना—मैं हूँ.

अक्षराणाम् अकारोऽस्मि द्वन्द्वः सामासिकस्य च।
अहम् एवाक्षयः कालो धाताहं विश्वतोमुखः।।३३।।

अक्षरो में मैं पहला अक्षर अकार हूँ. व्याकरण के समासों में मैं द्वंद्व समास हूँ, जिस में शब्दों को समान महत्व मिलता है. कभी समाप्त न होने वाला काल मैं ही हूँ. धाता—पालन कर्ता—मैं ही हूँ. मैं विश्वतोमुख हूँ—यह पूरा विश्व मेरा मुख है, विश्व में जितने लोग हैं, वे सब मेरे मुख हैं.

मृत्युः सर्वहरश् चाहम् उद्भवश् च भविष्यताम्।
कीर्तिः श्रीर् वाक् च नारिणां स्मृतिर् मेधा धृतिः क्षमा।।३४।।

सब का हरण करने वाली मृत्यु मैं हूँ. जो भविष्य में होंगे, उन सब के जन्म का कारण भी मैं हूँ. स्त्रियों में मैं कीर्ति, श्री, वाक्, स्मृति, मेधा, धृति और क्षमा नाम की सात देवियाँ हूँ.

बृहत्साम तथा साम्नां गायत्री छन्दसाम् अहम्।
मासानां मार्गशीर्षोऽहम् ऋतूनां कुसुमाकरः।।३५।।

साम वेद की ऋचाओं मे मैं कल्याणप्रद बृहत्साम हूँ. छंदों में मैं गायत्री छंद हूँ. वर्ष के महीनों में मैं मार्गशीर्ष हूँ—मंगसिर हूँ. मौसमों में मैं पुष्पों को जन्म देने वाला वसंत हूँ.

द्यूतं छलयताम् अस्मि तेजस् तेजस्विनाम् अहम्।
जयोऽस्मि व्यवसायोऽस्मि सत्त्वं सत्त्ववताम् अहम्।।३६।।

छल कपट करने वालों का जुआ मैं हूँ. तेजस्वियों का तेज मैं हूँ. जीत मैं हूँ. निश्चय मैं हूँ. सात्त्विक जनों का सत्त्व मैं हूँ.

वृष्णीनां वासुदेवोऽस्मि पाण्डवानां धनञ्जयः।
मुनीनाम् अप्य् अहं व्यासः कवीनाम् उशना कविः।।३७।।

वृष्णि वंश मे मैं वासुदेव कृष्ण हूँ. पांडु के पुत्रों में मैं अर्जुन हूँ. मुनियों में मैं वेद व्यास हूँ. और कवियों—मेधावियों, बुद्धिमानों—में मैं राक्षसों का गुरु शुक्राचार्य हूँ.

दण्डो दमयताम् अस्मि नीतिर् अस्मि जिगीषताम्।
मौनं चैवास्मि गुह्यानां ज्ञानं ज्ञानवताम् अहम्।।३८।।

अनुशासकों का शासन दंड हूँ. विजय चाहने वालों की नीति हूँ. रहस्यों में मौन हूँ—चुप्पी हूँ. ज्ञानवानों का ज्ञान हूँ मैं.

यच् चापि सर्व-भूतानां बीजं तद् अहम् अर्जुन।
न तद् अस्ति विना यत् स्यान् मया भूतं चराचरम्।।३९।।

और, अर्जुन, जितने भी भूत पदार्थ और प्राणी हैं, उन का बीज मैं हूँ. चराचर पदार्थों और प्राणियों में कुछ भी ऐसा नहीं है जो मेरे बिना हो सकता है.

नान्तोऽस्ति मम दिव्यानां विभूतीनां परन्तप।

एष तूद्देशतः प्रोक्तो विभूतेर् अविस्तरो मया।।४०।।

परंतप, मेरे दिव्य रूपों का अंत नहीं है. अपनी विभूतियों के विस्तार को मैं ने तुझे संकेत से बताया है.

यद् यद् विभूतिमत् सत्त्वं श्रीमद् ऊर्जितम् एव वा।
तत् तद् एवावगच्छ त्वं मम तेजोंऽश-सम्भवम्।।४१।।

इस संसार में जो कुछ भी विभूतिशाली है, श्रीसंपन्न है, ऊर्जा से परिपूर्ण है, तू यह समझ कि वह मेरे तेज के एक अंश से संभ्व हुआ है.

अथवा बहुनैतेन किं ज्ञातेन तवार्जुन।
विष्टभ्याहम् इंद कृत्स्नम् एकांशेम स्थितो जगत्।।४२।।

अर्जुन, तू और बहुत जान कर क्या करेगा? इस सारे जगत को मैं अपने एक अंश से धारण कर के स्थित हूँ.

इति श्रीमद्-भगवद्-गीतासु उपनिषत्सु ब्रह्म-विद्यायां योग-शास्त्रे श्री-कृष्णार्जुन-संवादे विभूति-योगो नाम दशमोऽध्यायः

यह था श्रीमद् भगवद् गीता उपनिषद् ब्रह्म विद्या योग शास्त्र श्री कृष्ण अर्जुन संवाद में विभूति योग नाम का दसवाँ अध्याय

एकादशोऽध्यायः

विश्वरूप दर्शन योग

अर्जुनोवाच

मद्-अनुग्रहाय परमं गुह्यं अध्यात्म-सञ्ज्ञितम्।
यत् त्वयोक्तं वचस् तेन मोहोऽयं विगतो मम।।१।।

अर्जुन ने कहा

कृपा कर के आप ने मुझे महान और रहस्यपूर्ण अध्यात्म की शिक्षा दी. आप ने जो बताया उस से मेरा §ाम जाता रहा है.

भवाप्ययौ हि भूतानां श्रुतौ विस्तरशो मया।
त्वत्तः कमल-पत्राक्ष माहात्म्यम् अपि चाव्ययम्।।२।।

भूत पदार्थों और प्राणियों की उत्पत्ति कैसे होती है, उन का नाश किस प्रकार होता है—यह मैं ने आप से विस्तारपूर्वक सुना. कमल की पँखुड़ी जैसी आँखों वाले कृष्ण, आप ने मुझे अपना अव्यय माहात्म्य भी बताया.

एवम् एतद् यथात्थ त्वम् आत्मानं परमेश्वर।
द्रष्टुम् इच्छामि ते रूपम् ऐश्वरं पुरुषोत्तम।।३।।

आप ने अपने को जैसा बताया, परमेश्वर, वैसे ही आप हैं. पुरुषोत्तम, अब मैं आप का वैसा ही ईश्वरी रुप देखना चाहता हूँ.

मन्यसे यदि तच्छक्यं मया द्रष्टुम् इति प्रभो।
योगेश्वर ततो मे त्वं दर्शयात्मानम् अव्ययम्।।४।।

प्रभु, अगर आप मानते हैं कि मैं आप का वह रुप देख सकता हूँ, तो, योगेश्वर, मुझे अपना वह अव्यय रूप दिखाइए.

श्रीभगवान् उवाच

पश्य मे पार्थ रूपाणि शतशोऽथ सहस्रशः।
नाना-विधानि दिव्यानि नाना-वर्णाकृतीनि च।।५।।

श्री भगवान ने कहा

पार्थ, देख... मेरे सैकड़ों रूप देख. हज़ारों रूप देख. अनेक तरह के, अनेक रंगों के, अनेक आकार के, मेरे दिव्य रूप देख.

पश्याऽऽदित्यान् वसून् रुद्रान् अश्विनौ मरुतस् तथा।
बहून्य् अदृष्ट-पूर्वाणि पश्याऽऽश्चर्याणि भारत।।६।।

देख, आदित्यों को देख... वसुओं को देख... रुद्रों को देख... दोनों अश्विनी कुमारों को देख... मरुतों को देख... जो पहले नहीं देखे गए हैं, भरत वंशी अर्जुन, तू ऐसे अनेक आश्चर्य देख...

इहैकस्थं जगत् कृत्स्नं पश्याद्य सचराचरम्।
मम देहे गुडाकेश यच् चान्यद् द्रष्टुम् इच्छसि।।७।।

यहाँ एक साथ संपूर्ण जगत और उस के सारे चर अचर पदार्थ और प्राणी तू आज देख. गुडाकेश, और भी जो कुछ तू देखना चाहता है, वह सब मेरी देह में तू देख...

न तु मां शक्यसे द्रष्टुम् अनेनैव स्व-चक्षुषा।
दिव्यं ददामि ते चक्षुः पश्य मे योगम् ऐश्वरम्।।८।।

अपनी इन आँखों से तू मुझे नहीं देख सकता. मैं तुझे दिव्य आँखें देता हूँ. इन दिव्य आँखों से तू मेरे योग को देख, मेरे ईश्वरत्व को देख.

सञ्जयोवाच

एवम् उक्त्वा ततो राजन् महा-योगेश्वरो हरिः।

दर्शयामास पार्थाय परमं रूपम् ऐश्वरम्।।९।।

संजय ने कहा

राजा धृतराष्ट्र, महा योगेश्वर हरि ने यह कहा और पार्थ को अपना परम ईश्वरी रूप दिखाया.

अनेक-वक्त्र-नयनम् अनेकाऽऽद्भुत-दर्शनम्।
अनेक-दिव्याभरणं दिव्याऽऽनेकोद्यताऽऽयुधम्।।१०।।

अनेक मुँह थे... अनेक आँखें थीं... अनेक विचित्र रूप थे... अनेक दिव्य वस्त्र आभूषण थे... अनेक दिव्य शस्त्र अस्त्र उठे थे.

दिव्य-माल्याम्बर-धरं दिव्य-गन्धानुलेपनम्।
सर्वाश्चर्य-मयं देवम् अनन्तं विश्वतो-मुखम्।।११।।

दिव्य माला थी. दिव्य वस्त्र थे. दिव्य गंध का लेप था. वे सब प्रकार के आश्चर्यों से भरे थे. भगवान अनंत थे. पूरा विश्व उन का मुख था.

दिवि सूर्य-सहस्रस्य भवेद् युगपद् उत्थिता।
यदि भाः सदृशी सा स्याद् भासस् तस्य महात्मनः।।१२।।

आकाश में एक साथ हज़ार सूरज निकल आएँ तो उन का जो प्रकाश होगा वह भी उस महात्मा की दमक की बराबरी शायद ही कर सके.

तत्रैकस्थं जगत् कृत्स्नं प्रविभक्तम् अनेकधा।
अपश्यद् देव-देवस्य शरीरे पाण्डवस् तदा।।१३।।

पांडुपुत्र ने देखा कि सारा संसार अनेक प्रकार से बँट गया है. लेकिन उस ने यह भी देखा की संसार के वे सब भाग देवताओं के देव कृष्ण में एक साथ उपस्थित हैं.

ततः स विस्मयाऽऽविष्टो हृष्ट-रोमा धनञ्जयः।

प्रणम्य शिरसा देवं कृताञ्जलिर् अभाषत।।१४।।

यह देख कर धनंजय विस्मय से भर उठा. उस के रोंगटे खड़े हो गए. सिर झुका कर उस ने हाथ जोड़ दिए. उस ने भगवान को प्रणाम किया. वह बोला—

अर्जुनोवाच

पश्यामि देवांस् तव देव देहे
सर्वांस् तथा भूत-विशेष-सङ्घान्।
ब्रह्माणम् ईशं कमलासनस्थम्
ऋषींश् च सर्वान् उरगांश् च दिव्यमान्।।१५

अर्जुन ने कहा

देव, मुझे आप के शरीर में सारे देवता दिखाई दे रहे हैं. भौतिक प्राणियों के समूह मुझे आप में दिखाई देते हैं. ईश्वर ब्रह्मा कमल के आसन पर बैठे हैं. सारे ऋषि गण और दिव्य सर्प मुझे दिखाई दे रहे हैं.

अनेक-बाहूदर-वक्त्र-नेत्रं
पश्यामि त्वां सर्वतोऽनन्त-रूपम्।
नान्तं न मध्यं न पुनस् तवादिं
पश्यामि विश्वेश्वर विश्वरूप।।१६

मुझे आप की अनेक बाँहें दिखाई देती हैं. अनेक उदर, मुँह और नेत्र दिखाई देते हैं. हर ओर मुझे आप का अनंत रूप दिखाई दे रहा है. विश्व के स्वामी, विश्व के रूप, मुझे न तो आप का अंत दिखाई देता है, न मध्य, न आरंभ.

किरीटिनं गदिनं चक्रिणं च
तेजो-राशिं सर्वतो दीप्तिमन्तम्।
पश्यामि त्वां दुर्निरीक्ष्यं समन्ताद्
दीप्तानलार्क-द्युतिम् अप्रमेयम्।।१७।।

आप ने मुकुट लगा रखा है. हाथ में गदा और चक्र हैं. तेज के पुंज से आप हर ओर जगमगा रहे हैं. आप पर नज़र ठहरना बड़ा कठिन है. फिर भी मैं आप को देख पा रहा हूँ. चारों ओर से आप में अग्नि और सूर्य जैसी दमक है. आप अप्रमेय हैं—आप को जानना समझना बुद्धि से पर है.

त्वम् अक्षरं परमं वेदितव्यं
त्वम् अस्य विश्वस्य परं निधानम्।
त्वम् अव्ययः शाश्वत-धर्म-गोप्ता
सनातनस् त्वं पुरुषो मतो मे।।१८।।

आप ही जानने लायक़ परम अक्षर हैं. आप इस जगत के परम शरण स्थल हैं. आप अव्यय हैं. शाश्वत धर्म के रक्षक आप हैं. मेरे मत में आप सनातन पुरुष हैं.

अनादि-मध्यान्तम् अनन्त-वीर्यम्
अनन्त-बाहुं शशि-सूर्य-नेत्रम्।
पश्यामि त्वां दीप्त-हुताश-वक्त्रं
स्व-तेजसा विश्वम् इदं तपन्तम्।।१९।।

आप का न आरंभ है. न मध्य, न अंत है. आप का वीर्य, आप की सामर्थ्य, अनंत है. आप की बाँहें अनंत हैं. चाँद और सूरज आप की आँखें हैं. मैं देख रहा हूँ कि आप का मुख मंडल अग्नि की तरह धधक रहा है. अपने तेज से आप पूरे विश्व को तपा रहे हैं.

द्यावा-पृथिव्योर् इदम् अन्तरं हिं
व्याप्तं त्वयैकेन दिशश् च सर्वाः।
दृष्ट्वाद्भुतं रूपम् उग्रं तवेदं
लोक-त्रयं प्रव्यथितं महात्मन्।।२०।।

यह स्वर्ग, यह पृथिवी, इन दोनों के बीच का फ़ासला, और ये सारी दिशाएँ—ये सब अकेले आप से भरी हैं. आप का रूप अद्भुत और

उग्र है. इसे देख कर, महात्मा, ये तीनों लोक घबरा रहे हैं.

अमी हि त्वां सुर-सङ्घा विशन्ति
केचिद् भीताः प्राञ्जलयो गृणन्ति।
स्वस्तीत्य् उक्त्वा महर्षि-सिद्ध-सङ्घाः
स्तुवन्ति त्वां स्तुतिभिः पुष्कलाभिः।।२१।।

सब देवताओं के समूह आप में प्रवेश कर रहे हैं. उन में से कई डर से काँप रहे हैं. उन्हों ने हाथ जोड़ रखे हैं. वे आप के गुणों का बखान कर रहे हैं. वे कह रहे हैं : कल्याण हो! अनेक उत्तम प्रार्थनाओं द्वारा वे आप की पूजा कर रहे हैं.

रुद्रादित्या वसवो ये च साध्या
विश्वेऽश्विनौ मरुतश् चोष्मपाश् च।
गन्धर्व-यक्षासुर-सिद्ध-सङ्घा
वीक्षन्ते त्वां विस्मिताश् चैव सर्वे।।२२।।

ग्यारहों रुद्र, बारहों आदित्य, आठों वसु, सारे के सारे साध्य गण, नौओं विश्वेदेव और दोनों अश्विनी कुमार, उनचासों मरुत, सारे पितर, सब गंधर्व, यक्ष, असुर और सिद्धों के समुदाय—सब के सब विस्मय से आप को देख रहे हैं.

रूपं महत् ते बहु-वक्त्र-नेत्रं
महाबाहो बहु-बाहूरु-पादम्।
बहूदरं बहु-दंष्ट्रा-करालं
दृष्ट्वा लोकाः प्रव्यथितास् तथाऽहम्।।२३।।

आप के इस महान रूप को देख कर, आप के बहुत सारे मुँह और बहुत सी आँखों को देख कर, महाबाहु, आप के बहुत से हाथों, जंघास्थलों और पैरों को देख कर, आप के बहुत से पेट देख कर, आप की अनेक विकराल दाढ़ों के देख कर... सब लोग डर रहे हैं. मेरा भी वही हाल है.

नभःस्पृशं दीप्तम् अनेक-वर्णं
व्यात्ताननं दीप्त-विशाल-नेत्रम्।
दृष्ट्वा हि त्वां प्रव्यथिताऽऽन्तरात्मा
धृतिं न विन्दामि शमं च विष्णो।।२४।।

आप का रूप आकाश तक दमक रहा है... आप के अनेक रंग हैं. मुँह फैला हुआ है. आप के विशाल नयन चमक रहे हैं. आप का यह रूप देख कर मैं अंतरात्मा से घबरा गया हूँ. विष्णु, मेरे मन को न धैर्य मिल रहा है, न शांति.

दंष्ट्रा-करालानि च ते मुखानि
दृष्ट्वैव कालानल-सन्निभानि।
दिशो न जाने न लभे च शर्म
प्रसीद देवेश जगन्-निवास।।२५।।

आप की बड़ी बड़ी दाढ़ें दिखाई दे रही हैं. आप के सब मुँह ऐसे धधक रहे हैं, जैसे प्रलय की अग्नि भड़क उठी हो. यह सब देख कर मेरा दिशा ज्ञान समाप्त हो गया है. सुख चैन जाता रहा है. देवताओं के ईश्वर और जगत के निवासस्थान परमेश्वर, आप प्रसन्न हों, शांत हों.

अमी च त्वां धृतराष्ट्रस्य पुत्राः
सर्वे सहैवावनि-पाल-सङ्घैः।
भीष्मो द्रोणः सूतपुत्रस् तथासौ
सहास्मदीयैर् अपि योध-मुख्यैः।।२६।।

यहाँ जो भी हैं, वे सब—धृतराष्ट्र के पुत्र, राजाओं के समुदाय, भीष्म पितामह, द्रोणाचार्य, सूतपुत्र कर्ण, और इन के साथ साथ हमारे पक्ष की सभी मुख्य योद्धा...

वक्त्राणि ते त्वरमाणा विशन्ति
दंष्ट्रा-करालानि भयानकानि।

केचिद् विलग्ना: दशनान्तरेषु
सन्दृश्यन्ते चूर्णितैर् उत्तमाङ्गै:।।२७।।

... वे सब आप के मुखों में तेजी से प्रवेश कर रहे हैं. वे सब आप की भयानक दाढ़ों के बीच जा रहे हैं. कई आप के दाँतों के बीच के गड्ढों में अटके दिखाई दे रहे हैं. उन के सिर चकनाचूर हो गए हैं.

यथा नदीनां बहवोऽम्बु-वेगा:
समुद्रम् एवाभिमुखा द्रवन्ति।
तथा तवामी नर-लोक-वीरा
विशन्ति वक्त्राण्य् अभिविज्वलन्ति।।२८।।

जैसे नदियों के जलों का प्रवाह समुद्र की ओर होता है, वैसे ही वीर पुरुषों के दल आप के दहकते मुखों में घुसे जा रहे हैं.

यथा प्रदीप्तं ज्वलनं पतङ्गा
विशन्ति नाशाय समृद्ध-वेगा:।
तथैव नाशाय विशन्ति लोकास्
तवापि वक्त्राणि समृद्ध-वेगा:।।२९।।

मरने के लिए परवाने जलते दीपक की ओर टूट पड़ते हैं. वैसे ही अपने नाश के लिए लोग बड़ी तेज़ी से आप के मुखों की ओर बढ़ रहे हैं.

लेलिह्यसे ग्रसमान: समन्ताल्
लोकान् समग्रान् वदनैर् ज्वलद्भि:।
तेजोभिर् आपूर्य जगत् समग्रं
भासस् तवोग्रा: प्रतपन्ति विष्णो।।३०।।

आप हर ओर से अपने अग्नि मुखों से सब को लील रहे हैं. विष्णु, आप के उग्र तेज ने सारे जगत को भर दिया है. आप के उग्र प्रकाश के यह जगत तप रहा है.

आख्याहि मे को भवान् उग्र-रूपो
नमोऽस्तु ते देववर प्रसीद।
विज्ञातुं इच्छामि भवन्तम् आद्यं
न हि प्रजानामि तव प्रवृत्तिम्।।३१।।

बताइए, इतने उग्र रूप वाले आप कौन हैं? आप को नमस्कार! आप देवताओं में श्रेष्ठ हैं. आप प्रसन्न हों! आप संसार के आदि पुरुष हैं. मैं आप को सांगोपांग जानना चाहता हूँ, क्यों कि आप की प्रवृत्ति का, आप के आचरण का मुझे पता नहीं है.

श्रीभगवान् उवाच

कालोऽस्मि लोक-क्षय-कृत्-प्रवृद्धो
लोकान् समाहर्तुम् इह प्रवृत्तः।
ऋतेऽपि त्वां न भविष्यन्ति सर्वे
येऽवस्थिताः प्रत्यनीकेषु योधाः।।३२।।

श्री भगवान ने कहा

मैं काल हूँ. लोकों का नाश कर के मैं बढ़ा हूँ. यहाँ इन लोकों का नाश करने में लगा हूँ. तेरे बिना भी ये सब रहने वाले नहीं हैं. आमने सामने खड़ी इन सेनाओं में जितने भी योद्धा हैं वे सब नष्ट हो कर रहेंगे.

तस्मात् त्वम् उत्तिष्ठ यशो लभस्व
जित्वा शत्रून् भुङ्क्ष्व राज्यं समृद्धम्।
मयैवैते निहताः पूर्वम् एव
निमित्त-मात्रं भव सव्यसाचिन्।।३३।।

इस लिए तू उठ! यश कमा! शत्रुओं को जीत! समृद्धिशाली राज्य भोग! ये सब मैं ने पहले ही मार डाले हैं. तुझे तो बस निमित्त बनना है.

द्रोणं च भीष्मं च जयद्रथं च
कर्णं तथान्यान् अपि योध-वीरान्।

मया हतांस् त्वं जहि मा व्यथिष्ठा
युध्यस्व जेतासि रणे सपत्नान्॥३४॥

द्रोण और भीष्म और जयद्रथ और कर्ण और अन्य वीर लड़ाके मैं पहले ही मार चुका हूँ. तू इन्हें मार डाल! दुःखी मत हो! युद्ध कर! रण में तू शत्रूओं को जीतेगा.

सञ्जयोवाच

एतच्छ्रुत्वा वचनं केशवस्य
कृताञ्जलिर् वेपमानः किरीटी।
नमस्कृत्वा भूय एवाह कृष्णं
सगद्गदं भीत-भीतः प्रणम्य॥३५॥

संजय ने कहा

केशव के वचनों को सुन मुकुटधारी अर्जुन ने हाथ जोड़ दिए. वह काँप रहा था. हाथ जोड़ कर उस ने कृष्ण को फिर नमस्कार किया. वह भय से काँप रहा था. प्रणाम कर के गद्गद वाणी में उस ने कहा—

अर्जुनोवाच

स्थाने हृषीकेश तव प्रकीर्त्या
जगत् प्रहृष्यत्य् अनुरज्यते च।
रक्षांसि भीतानि दिशो द्रवन्ति
सर्वे नमस्यन्ति च सिद्ध-सङ्घाः॥३६॥

अर्जुन ने कहा

ठीक ही तो है कि आप के यश से यह सारा जगत रोमांचित हो रहा है. सब आप पर अनुरक्त हैं. आप से डर कर राक्षस इधर उधर भाग रहे हैं. सिद्धों के समुदाय आप के सामने झुक रहे हैं.

कस्माच् च ते न नमेरन् महात्मन्
गरीयसे ब्रह्मणोऽप्य् आदि-कर्त्रे।

अनन्त देवेश जगन्-निवास
त्वम् अक्षरं सद् असत् तत्परं यत्।।३७।।

ओ महात्मा, वे आप को नमस्कार क्यों न करे? आप ब्रह्मा से भी बड़े हैं. आप सृष्टि के मूल जन्मदाता हैं. आप का अंत नहीं है. आप देवताओं के ईश्वर हैं. आप में जगत निवास करता है. आप अक्षर हैं. सद् और असद् होने और न होने—से जो परे है, वह आप हैं.

त्वम् आदि-देवः पुरुषः पुराणस्
त्वम् अस्य विश्वस्य परं निधानम्।
वत्ताऽसि वेद्यं च परं च धाम
त्वया ततं विश्वम् अनन्त-रूप।।३८।।

आप सब से पहले देवता हैं. आप पुराण पुरुष हैं. इस संसार का अंतिम शरण स्थल आप हैं. जानने वाले आप हैं. जिसे जानना है, वह भी आप हैं. आप परम धाम हैं. हे अनंतरुप, यह सारा विश्व आप से भरा है.

वायुर् यमोऽग्निर् वरुणः शशाङ्कः
प्रजापतिस् त्वं प्रपितामहश् च।
नमो नमस्तेऽस्तु सहस्र-कृत्वः
पुनश् च भूयोऽपि नमो नमस्ते।।३९।।

वायु देवता आप हैं. यमराज आप हैं. अग्नि देवता आप हैं. वरुण देव आप हैं. चंद्रमा आप हैं. सब लोगों को जन्म देने वाले प्रजापति आप हैं. सब के प्रपितामह भी आप हैं. नमस्कार है, आप को हज़ारों बार नमस्कार! आप को बार बार, फिर फिर, नमस्कार है, नमस्कार है!

नमः पुरस्ताद् अथ पृष्ठतस्ते
नमोऽस्तु ते सर्वत एव सर्व।
अनन्त-वीर्यामित-विक्रमस् त्वं
सर्वं समाप्नोषि ततोऽसि सर्वः।।४०।।

आप को सामने से नमस्कार है. आप को पीछे से नमस्कार है. सर्वस्व, आप को सब ओर से नमस्कार है. आप की शक्ति अनंत है. आप का पराक्रम असीम है. आप ने संसार को सब प्रकार से सारे में व्याप रखा है. इस लिए आप सर्व हैं, सर्वस्व हैं.

सखेति मत्वा प्रसभं यद् उक्तं
हे कृष्ण हे यादव हे सखेति।
अजानता महिमानं तवेदं
मया प्रमादात् प्रणयेन वापि।।४१।।

मैं आप को सखा मानता था. संगी साथी समझता था. हठपूर्वक मैं आप को हे कृष्ण, हे यादव, हे सखा कह कर पुकारता था. मुझे आप की इस महिमा का पता नहीं था. मैं ने जो कुछ किया, जो कहा, वह अज्ञान से किया या आप के प्रति प्रेम से किया.

यच् चावहासार्थम् असत्कृतोऽसि
विहार-शय्यासन-भोजनेषु।
एकोऽथवाप्य् अच्युत तत्समक्षं
तत् क्षामये त्वाम् अहम् अप्रमेयम्।।४२।।

हँसी ठट्ठे में, खेल कूद आनंद विहार में, सेज पर, आसन पर, भोजन काल में, अकेले में, संगी साथियों के बीच में, अच्युत, मैं ने आप का अनादर किया है. मैं आप की क्षमा का पात्र हूँ. आप अप्रमेय है. आप समझ से परे हैं. इस लिए मैं आप को जान नहीं पाया था.

पिताऽसि लोकस्य चराचरस्य
त्वम् अस्य पूज्यश् च गुरुर् गरीयान्।
न त्वत् समोऽस्त्य् अभ्यधिकः कुतोऽन्यो
लोक-त्रयेऽप्य् अप्रतिम-प्रभाव।।४३।।

यह जो चराचर जगत है, आप इस के पिता हैं. आप इस के पूज्य हैं. आप बड़ों के भी बड़े हैं. जब कोई आप के बराबर भी नहीं आ

सकता, तो आप से बढ़ कर होने का तो सवाल ही कहाँ है? तीनों लोकों में आप का प्रभाव लाजवाब है.

तस्मात् प्रणम्य प्रणिधाय कायं
प्रसादये त्वाम् अहम् ईशम् ईड्यम्।
पितेव पुत्रस्य सखेव सख्युः
प्रियः प्रियायार्हसि देव सोढुम्।।४४।।

इस लिए मैं आप को प्रणाम करता हूँ. मैं अपना शरीर आप के चरणों में रखता हूँ. आप स्तुति पूजा करने योग्य हैं. आप ईश्वर हैं. मैं आप से प्रार्थना करता हूँ. आप मुझ पर प्रसन्न हों. देव, जैसे पिता पुत्र के, सखा सखा के और प्रेमी प्रेयसि के अपराध सह लेता है, वैसे ही आप मेरे अपराध सह लें.

अदृष्ट-पूर्वम् हृषितोऽस्मि दृष्टवा
भयेन च प्रव्यथितं मनो मे।
तदेव मे दर्शय देव रूपं
प्रसीद देवेश जगन्निवास।।४५।।

आप के जिस रूप को पहले नहीं देखा गया था, वह अब मैं ने देख लिया. इस से मैं रोमांचित हो रहा हूँ. डर से मेरा मन व्याकुल हो रहा है. इस लिए, देव, मुझे आप अपना वह रूप दिखाइए. देवताओं के स्वामी, जगत को धारण करने वाले कृष्ण! आप प्रसन्न हों, शांत हों.

किरीटिनं गदिनं चक्रहस्तम्
इच्छामि त्वां द्रष्टुम् अहं तथैव।
तेनैव रूपेण चतुर्भुजेन
सहस्त्र-बाहो भव विश्व-मूर्ते।।४६।।

सिर पर मुकुट हो. हाथों में गदा और चक्र हो. सहस्त्रबाहु! विश्वमूर्ति! मैं आप को वैसे ही चतुर्भुज रूप में देखना चाहता हूँ.

श्रीभगवान् उवाच

मया प्रसन्नेन तवार्जुनेदं
रूपं परं दर्शितम् आत्म-योगात्।
तेजोमयं विश्वम् अनन्तम् आद्यं
यन् मे त्वदन्येन न दृष्ट-पूर्वम्।।४७।।

श्री भगवान ने कहा

अर्जुन, मैं तुझ पर प्रसन्न हूँ तभी तो मैं ने अपनी योग शक्ति से तुझे अपना परम रूप दिखाया. मेरे इस रूप में तेज है, और पूरा विश्व है. मेरे इस रूप में मेरी अंतहीनता और आदिमता के दर्शन होते हैं. तुझ से पहले मेरे इस रूप को किसी और ने नहीं देखा है.

न वेद-यज्ञाऽऽध्ययनैर् न दानैर्
न च क्रियाभिर् न तपाभिर् उग्रैः।
एवं-रूपः शक्य अहं नृलोके
द्रष्टुं त्वदन्येन कुरु-प्रवीर।।४८।।

कोई कितना ही वेदों का पठन करे, कितने ही यज्ञ करे, कितना ही अध्ययन करे, दान करे, जतन करे, बड़े भारी तप करे, मेरा जो यह रूप है, कुरुश्रेष्ठ अर्जुन, इस मनुष्य लोक में तेरे अलावा कोई और नहीं देख पाया.

मा ते व्यथा मा च विमूढ-भावो
दृष्ट्वा रूपं घोरम् ईदृङ् ममेदम्।
व्यपेत-भीः प्रीत-मनाः पुनस् त्वं
तद् एव मे रूपम् इदं प्रपश्य।।४९।।

मेरे इस रूप को देख कर तू न तो दुःखी हो, न घबरा. तेरा भय दूर करने के लिए, और तेरे मन की प्रीति की ख़ातिर, देख, मैं तुझे फिर अपना वह रूप दिखाता हूँ जो तू चाहता है.

सञ्जयोवाच

इत्य् अर्जुनं वासुदेवस् तथोक्त्वा
स्वकं रूपं दर्शयामास भूयः।
आश्वासयामास च भीतम् एनम्
भूत्वा पुनः सौम्य-वपुर् महात्मा।।५०।।

संजय ने कहा

वासुदेव कृष्ण ने अर्जुन से यह कहा, फिर अपना वांछित रुप उसे दिखाया. महात्मा कृष्ण का यह सौम्य रुप देख कर अर्जुन का डर दूर हो गया और उस के मन को धीरज बँधा.

अर्जुनोवाच

दृष्ट्वेदं मानुषं रूपं तव सौम्यं जनार्दन।
इदानीम् अस्मि संवृत्तः सचेताः प्रकृतिं गतः।।५१।।

अर्जुन ने कहा

जनार्दन, आप का यह शांत सौम्य मनुष्य रुप देख कर मेरी चेतना लौट आई है. अब मैं फिर से होश में हूँ और अपने को अपने जैसा अनुभव कर रहा हूँ.

श्रीभगवान् उवाच

सुदुर्दशम् इदं रूपं दृष्टवानसि यन् मम।
देवा अप्य् अस्य रूपस्य नित्यं दर्शन-काङ्क्षिणः।।५२।।

श्री भगवान ने कहा

तू ने मेरा जो रुप देखा उसे देखना बहुत कठिन है. देव गण भी इस रुप को देखने को लालायित रहते हैं.

नाहं वेदैर् न तपसा न दानेन न चेज्यया।
शक्य एवं-विधो द्रष्टुं दृष्टवानसि मां यथा।।५३।।

वेद, तप, दान और यज्ञ कर के भी मेरे इस रुप को नहीं देखा जा

सकता, जो तू ने अभी देखा.

भक्त्या त्वनन्या शक्य अहम् एवं-विधोऽर्जुन।
ज्ञातुं द्रष्टुं च तत्त्वेन प्रवेष्टुं च परन्तप।।५४।।

लेकिन, अर्जुन, अनन्य भक्ति के द्वारा मुझे इस प्रकार तत्त्व से जाना और देखा जा सकता है. परंतप, अनन्य भक्ति के द्वारा मुझ में प्रवेश भी किया जा सकता है.

मत्कर्मकृन् मत्परमो मद्भक्तः सङ्ग-वर्जितः।
निर्वैरः सर्व-भूतेषु यः स माम् एति पाण्डव।।५५।।

पांडव, वे लोग मेरे पास आ सकते हैं जो अपने सारे कर्म मुझे अर्पित कर देते हैं. वे मेरी ओर उन्मुख रहते हैं और मेरे भक्त होते हैं. उन में आसक्ति नहीं होती. और जिन में संसार के सभी भूत पदार्थों और प्राणियों के प्रति शत्रुहीनता की भावना होती है, वे लोग मुझे पा सकते हैं.

इति श्रीमद्-भगवद-गीतासु उपनिषत्सु ब्रह्म-विद्यायां योग-शास्त्रे श्री-कृष्णार्जुन-संवादे विश्व-रूप-दर्शन-योगो नाम एकादशोऽध्यायः

यह था श्रीमद् भगवद् गीता उपनिषद् ब्रह्म विद्या योग शास्त्र श्री कृष्ण अर्जुन संवाद में विश्व रूप दर्शन योग नाम का ग्यारहवाँ अध्याय

द्वादशोऽध्यायः

भक्ति योग

अर्जुनोवाच

एवं सतत-युक्ता ये भक्तास् त्वां पर्युपासते।
ये चाप्य् अक्षरम् अव्यक्तं तेषां के योग-वित्तमाः।।१।।

अर्जुन ने कहा

जैसा आप ने बताया, उस तरह कुछ भक्त लगातार, हमेशा, सतत जुड़ कर आप की उपासना करते रहते हैं. कुछ अन्य जन आप को अक्षर और अव्यक्त मान कर आप की उपासना करते हैं. इन दोनों में से आप अच्छा योगी किसे मानते हैं?

श्रीभगवान् उवाच

मय्यावेश्य मनो ये मां नित्य-युक्ता उपासते।
श्रद्धया परयोपेतास् ते मे युक्ततमा मताः।।२।।

श्री भगवान ने कहा

उत्तम योगी मैं उन को मानता हूँ जो अपना मन मुझ में लगा देते हैं. वे हमेशा मुझ से जुड़े रहते हैं. महान श्रद्धा के साथ वे मेरी उपासना करते रहते हैं.

ये त्वक्षरम् अनिर्देश्यम् अव्यक्तं पर्युपासते।
सर्वत्रगम् अचिन्त्यं च कूटस्थम् अचलं ध्रुवम्।।३।।

लेकिन कुछ लोग मेरी पूजा यह समझ कर करते हैं कि :

मैं अक्षर हूँ—सूक्ष्म हूँ, मुझे विभाजित नहीं किया जा सकता.
मैं अनिर्देश्य हूँ—संकेत से मुझे बताया नहीं जा सकता.
मैं अव्यक्त हूँ—निराकार हूँ, प्रकट नहीं होता.
मैं सर्वत्रग हूँ—हर जगह मेरी गति हैं, मैं हर जगह जा सकता हूँ.
मैं चिंतन से परे हूँ—मुझे सोचा और समझा नहीं जा सकता.
मैं कूटस्थ हूँ—बिल्कुल भीतर, अंतरतम में स्थित हूँ.
मैं अचल हूँ—गतिहीन हूँ.
और मैं ध्रुव हूँ—स्थायी हूँ.

सन्नियम्येऽन्द्रिय-ग्रामं सर्वत्र सम-बुद्धयः।
ते प्राप्नुवन्ति माम् एव सर्व-भूत-हिते रताः।।४।।

वे सब इंद्रियों पर नियंत्रण रखते हैं और सब को समान भाव से देखते हैं. वे मुझे ही पाते हैं. वे लोग सब प्राणियों के कल्याण के काम करते हैं.

क्लेशोऽधिकतरस् तेषाम् अव्यक्तासक्त-चैतसाम्।
अव्यक्ता हि गतिर् दुःखं देहवद्भिर् अवाप्यते।।५।।

निराकार में चित्त लगाने वालों को कुछ अधिक कष्ट उठाना पड़ता है—क्यों कि शरीरधारियों के लिए शरीरहीन अस्तित्व को समझ पाना आसान नहीं है.

ये तु सर्वाणि कर्माणि मयि संन्यस्य मत्पराः।
अनन्येनैव योगेन मां ध्यायन्त उपासते।।६।।

और जो लोग अपने सारे कर्म मुझ में छोड़ देते हैं, अपना मन मुझ में लगाए रखते हैं, मेरे सिवा किसी और का ध्यान नहीं करते, निरंतर मेरा चिंतन और पूजन करते हैं...

तेषाम् अहं समुद्धर्ता मृत्यु-संसार-सागरात्।
भवामि न चिरात् पार्थ मय्यावेशित-चेतसाम्।।७।।

...पार्थ, अपने उन भक्तों को, जिन की चेतना मुझ में ही लगी है, मैं शीघ्र ही मृत्यु से भरे इस संसार सागर के पार उतार देता हूँ.

मय्येव मन आधत्स्व मयि बुद्धिं निवेशय।
निवसिष्यसि मय्येव अत ऊर्ध्वं न संशयः।।८।।

अपना मन केवल मुझ में लगा दे. अपनी बुद्धि मुझ में लगा दे. इस के बाद तू मुझ में ही रहेगा—इस में शक नहीं है.

अथ चित्तं समाधातुं न शक्नोषि मयि स्थिरम्।
अभ्यास-योगेन ततो माम् इच्छाप्तुं धनञ्जय।।९।।

अगर तू अपना मन मुझ में लगा कर उसे स्थिर नहीं रख सकता तो, धनंजय, अभ्यास कर, इस अभ्यास योग द्वारा तू मुझे पाने की इच्छा कर.

अभ्यासेऽप्य् असमर्थोऽसि मत्कर्म-परमो भव।
मदर्थम् अपि कर्माणि कुर्वन् सिद्धिम्
अवाप्स्यसि।।१०।।

अगर तू अभ्यास योग भी न कर सके तो अपने सारे कर्म मुझे समर्पित कर दे. अपने कर्म मुझे दे कर भी तुझे सिद्धि मिल जाएगी.

अथैतद् अप्य् अशक्तोऽसि कर्तुं मद् योगम् आश्रितः।
सर्व-कर्म-फल-त्यागं ततः कुरु यतात्मवान्।।११।।

यदि तू यह भी न कर सके, तो मेरी प्राप्ति के लिए योग की शरण में आ. अपनी आत्मा को जीत, और सब कर्मों के फल को त्याग दे.

श्रेयो हि ज्ञानम् अभ्यासाज् ज्ञानाद् ध्यानं विशिष्यते।
ध्यानात् कर्म-फल-त्यागस् त्यागाच्छान्तिर् अनन्तरम्।।१२।।

अभ्यास से ज्ञान अच्छा है. ज्ञान से ध्यान बेहतर है. ध्यान से बढ़ कर है कर्मों के फलों का त्याग. त्याग करने पर तत्काल शांति मिलती है.

अद्धेष्टा सर्व-भूतानां मैत्रः करुण एव च।
निर्ममो निरहङ्कारः सम-दुःख-सुखः क्षमी।।१३।।

मेरा वह भक्त मुझे प्यारा है—
जो द्वेष नहीं करता.
जो सब भूत पदार्थों और प्राणियों का मित्र है.
जो सब पर करुणा करता है.
जो निर्मम है—जिसे किसी से मोह, अपनापन, नहीं है.

जो निरहंकार है—जिस में मैं नहीं है, जो अपने को कर्मों का कर्ता नहीं मानता.

जो दुःख और सुख को एक समान समझता है.
जो क्षमा से भरा है...

सन्तुष्टः सततं योगी यतात्मा दृढ-निश्चयः।
मय्यर्पित-मनो-बुद्धिर् यो मदभक्तः स मे प्रियः।।१४।।

मेरा वह भक्त मुझे प्यारा है—
जो संतोषी है.
जो सदा योगी है.
जिस ने आत्मा को जीत लिया है.
जो इरादे का पक्का है.
जिस ने अपना मन और बुद्धि मुझे अर्पित कर दिए हैं.

यस्मान् नोद्विजते लोको लोकान् नोद्विजते च यः।
हर्षामर्ष-भयोद्वेगैर् मुक्तो यः स च मे प्रियः।।१५।।

और मुझे प्यारा वह है—

जिस से लोगों को बेचैनी नहीं होती और जो लोगों से बेचैन नहीं होता.

जिसे हर्ष नहीं है.
जो ईर्ष्या नहीं करता.
और जो भय और उत्तेजना से मुक्त है.

अनपेक्षः शुचिर् दक्ष उदासीनो गत-व्यथः।
सर्वारम्भ-परित्यागी यो मद्भक्तः स मे प्रिय।।१६।।

मेरा वह भक्त मुझे प्यारा है—

जो अनपेक्ष है—जिसे कोई इच्छा नहीं है, जो किसी से कुछ नहीं चाहता.

जो शुचितापूर्ण है—मन से शुद्ध है, स्वच्छ है, साफ़ है.

जो दक्ष है—कुशल है, अपने काम में होशियार है.

जो उदासीन है—जो अलग खड़ा है, तटस्थ है.

जिसे व्यथा नहीं होती, दुःख नहीं व्यापता.

जिस ने अपने सब आरंभ—प्रयास, कर्म—मुझे सौंप दिए हैं.

यो न हृष्यति न द्वेष्टि न शोचति न काङ्क्षति।
शुभाशुभ-परित्यागी भक्तिमान् यः स मे प्रियः।।१७।।

मुझे प्यारा वह है—

जो न ख़ुश होता है, न दुःख मनाता है.

जो न अफ़सोस करता है, न इच्छा करता है.

जिस ने शुभ अशुभ को, अच्छे बुरे फल को, त्याग दिया है.

जो भक्ति से भरा है.

समः शत्रौ च मित्रे च तथा मानाऽऽपमानयोः।
शीतोष्ण-सुख-दुःखेषु समः सङ्ग-विवर्जितः।।१८।।

मुझे वह प्यारा है—

शत्रु व मित्र में, मान और अपमान में, जो समान भाव रखता है.

सर्दी और गरमी को, सुख और दुःख को, जो बराबर मानता है.

जिस ने संग को—आसक्ति, लगाव को—त्याग दिया है...

तुल्य-निन्दा-स्तुतिर् मौनी सन्तुष्टो येन केनचित्।
अनिकेतः स्थिर-मतिर् भक्तिमान् मे प्रियो नरः।।१९।।

निंदा और प्रशंसा जिस के लिए एक समान हैं,

अध्याय : १२

मौन रह कर जो मनन करता है,
कर्म का जो भी परिणाम हो जो उस में संतुष्ट रहता है,
जो अनिकेत है—जो किसी घर से बँधा नहीं है,
जिस की मति स्थिर है,
जो भक्ति से भरा है,
—वह मनुष्य मुझे प्यारा है.

ये तु धर्म्यामृतम् इदं यथोक्तं पर्युपासते।
श्रद्दधाना मत्पर मा भक्तास् तेऽतीव मे प्रियाः।।२०।।

वे भक्त मुझे बहुत प्यारे हैं—
जो मेरे इस अमृतमय धर्मोपदेश की पूजा करते हैं.
जिन के मन में श्रद्धा है.
जो मेरी ओर उन्मुख हैं.

इति श्रीमद्-भगवद्-गीतासु उपनिषत्सु ब्रह्म-विद्यायां योग-शास्त्रे श्री-कृष्णार्जुन-संवादे भक्ति-योगो नाम द्वादशोऽध्यायः

यह था श्रमीद भगवद गीता उपनिषद ब्रह्म विद्या योग शास्त्र श्री कृष्ण अर्जुन संवाद में भक्ति योग नाम का बारहवाँ अध्याय

त्रयोदशोऽध्यायः

प्रकृति पुरुष विवेक योग

श्रीभगवान् उवाच

इदं शरीरं कौन्तेय क्षेत्रम् इत्य् अभिधीयते।
एतद् यो वेत्ति तं प्राहुः क्षेत्रज्ञ इति तद्विदः।।१।।

श्री भगवान ने कहा

कौंतेय, इस शरीर को क्षेत्र कहते हैं. इस शरीर को जो जानता है उसे क्षेत्रज्ञ कहते हैं—यह तद्विदों का, उसे जानने वालों का, कहना है.

क्षेत्रज्ञं चापि मां विद्धि सर्व-क्षेत्रेषु भारत।
क्षेत्र-क्षेत्रज्ञयोर् ज्ञानं यत् तज् ज्ञानं मतं मम।।२।।

और, भारत, सब क्षेत्रों में क्षेत्रज्ञ भी तू मुझे समझ. क्षेत्र और क्षेत्रज्ञ का जो ज्ञान है, वह मेरा ज्ञान माना गया है.

तत् क्षेत्रं यच् च यादृक् च यद् विकारी यतश् च यत्।
स च यो यत् प्रभावश् च तत् समासेन मे शृणु।।३।।

वह क्षेत्र क्या है? कैसा है? उस में क्या परिवर्तन होते हैं? किस कारण से उस में क्या होता है? वह कौन है? क्या करता है? उस का प्रभाव क्या है?—यह सब मैं तुझे संक्षेप में बताता हूँ. सुन.

ऋषिभिर् बहुधा गीतं छन्दोभिर् विविधैः पृथक्।
ब्रह्मसूत्र-पदैश् चैव हेतुमद्भिर विनिश्चितैः।।४।।

अलग अलग ऋषियों ने अनेक बार विविध छंदों में इसे अनेक

प्रकार से गाया है. ब्रह्मसूत्र के पदों ने भी कारण और कार्य की विवेचना कर के इसे निश्चित किया है.

महाभूतान्य अहङ्कारो बुद्धिर् अव्यक्तम् एव च।
इन्द्रियाणि दशैकं च पञ्च चेन्द्रिय-गोचराः।।५।।

एक. पाँच महाभूत, पाँच महातत्त्व—पृथिवी, जल, अग्नि, वायु और आकाश.

दो. अहंकार यानी पृथक सत्ता का बोध. अखिल विश्व चेतना से पृथक हो जाने की क्रिया, जो पाँच महाभूतों का कारण है.

तीन. बुद्धि, निर्णय शक्ति, जो अहंकार का कारण है.

चार. अव्यक्त—अप्रकट, माया से अछूती मूल प्रकृति, जो बुद्धि का कारण है.

पाँच. ग्यारह इंद्रियाँ—पाँच ज्ञानेंद्रियाँ (कान, आँख, त्वचा, नाक, जीभ), पाँच कर्मेंद्रियाँ (वाचा, हाथ, पैर, जननेंद्रिय, मलेंद्रिय), और मन.

छः. इंद्रियों के पाँच विषय (शब्द, रूप, स्पर्श, गंध और रस).

(इन सब को सांख्य दर्शन में चौबीस तत्त्व कहा जाता है.)

इच्छा द्वेषः सुखं दुःखं सङ्घातश् चेतना धृतिः।
एतत् क्षेत्रं समासेन सविकारम् उदाहृतम्।।६।।

सात. इच्छा—भोग की चाहत, भोगे सुख फिर भोगने की इच्छा.

आठ. द्वेष—अनिच्छा, भोगे दुःखों को फिर न भोगने की इच्छा.

नौ. सुख—आनंद की अनुभूति, चैन, आराम.

दस. दुःख—विषाद की अनुभूति, पीड़ा, वेदना, कष्ट

ग्यारह. संघात—शरीर और इंद्रियों का संगठन.

बारह. चेतना—ऊर्जा, शरीर और अंतःकरण की शक्ति.

तेरह. धृति—देह और इंद्रियों की धारण क्षमता.

इन सब के समुच्चय को उन की संपूर्ण परिवर्तनशीलता के साथ क्षेत्र कहते हैं.

अमानित्वम् अदम्भित्वम् अहिंसा क्षान्तिर् आर्जवम्।
आचार्योपासनं शौचं स्थैर्यम् आत्म-विनिग्रहः।।७।।

— अमानित्व—अपने आप को बड़ा न मानना.

— अदंभित्व—घमंडी न होना.

— अहिंसा—मन, वचन और कर्म से किसी अन्य को पीड़ा न पहुँचाना.

— क्षांति—सब के प्रति क्षमा का भाव.

— आर्जव—सहज व्यवहार, सरलता, सादगी, उदारता, निष्कपटता.

— आचार्य उपासना—गुरु की सेवा, गुरु के प्रति श्रद्धा.

— शौच—शुचिता, स्वच्छता, पवित्रता.

— स्थैर्य—स्थिरता यानी टिकने की क्षमता.

— आत्म विनिग्रह—आत्म संयम.

इन्द्रियार्थेषु वैराग्यम् अनहङ्कार एव च।
जन्म-मृत्यु-जरा-व्याधि-दुःख-दोषाऽऽनुदर्शनम्।।८।।

— इंद्रियार्थों में वैराग्य—इंद्रियों के जो विषय हैं, उन में अनासक्ति.

— अनहंकार—अपने होने के बोध की विस्मृति.

— जन्म, मृत्यु, बुढ़ापा, बीमारी और दुःख में दोषों को देखना.

असक्तिर् अनभिष्वङ्गः पुत्र-दार-गृहादिषु।
नित्यं च सम-चित्तत्वम् इष्टानिष्टोऽपपत्तिषु।।९।।

— पुत्र, पत्नी, घर आदि में लगाव और ममता न होना.

— मनचाही और अनचाही बातों के होने पर हमेशा उन्हें समान भाव से ग्रहण करना.

मयि चानन्य-योगेन भक्तिर् अव्यभिचारिणी।
विविक्त-देश-सेवित्वम् अरतिर् जन-संसदि।।१०।।

— मुझ में ऐसी भक्ति जो अनन्य योग से पूर्ण हो, जिस में मुझ में और भक्त में अन्य होने का भाव न रहे और जो अव्यभिचारिणी

हो, जिस में मेरे अतिरिक्त किसी और का ध्यान न हो.

— एकांत सेवन.

— भीड़ आदि से दूरी.

अध्यात्म-ज्ञान-नित्यत्वं तत्त्व-ज्ञानार्थ-दर्शनम्।
एतज् ज्ञानम् इति प्रोक्तम् अज्ञानं यद् अतोऽन्यथा।।११।।

— अध्यात्म ज्ञान की नित्यता.

— तत्त्व ज्ञान का सही दर्शन.

इन सब को ज्ञान कहा गया है. जो कुछ इस के अतिरिक्त है, इस के विपरीत है, वह अज्ञान है.

ज्ञेयं यत् तत् प्रवक्ष्यामि यज् ज्ञात्वाऽमृतम् अश्नुते।
अनादिमत् परं ब्रह्म न सत् तन् नासद् उच्यते।।१२।।

अब मैं तुझे वह बताऊँगा जो ज्ञेय है—जानने योग्य है. उसे जान कर अमर पद मिलता है. वह अनादि है. वह परम ब्रह्म है. उस के लिए कहा जाता है कि न तो वह सत् है यानी है, और न ही वह असत् है यानी नहीं है. न तो वह है, न ही वह नहीं है.

सर्वतःपाणि-पादं तत् सर्वतोऽक्षि-शिरो-मुखम्।
सर्वतः श्रुतिमल् लोके सर्वम् आवृत्य तिष्ठति।।१३।।

हर तरफ़ उस के हाथ और पैर हैं. हर तरफ़ उस की आँखें हैं. हर तरफ़ उस के सिर हैं और मुँह हैं. और हर तरफ़ उस के कान हैं. संसार में वह सब को आवृत्त किए बैठा है.

सर्वेन्द्रिय-गुणाभासं सर्वेन्द्रिय-विवर्जितम्।
असक्तं सर्वभृच् चैव निर्गुणं गुण-भोक्तृ च।।१४।।

उस में सब इंद्रियों और गुणों का आभास होता है. वास्तव में वह सब इंद्रियों से रहित है. वह अनासक्त रह कर सब का भरण और पालन करता है. वह निर्गुण है, लेकिन गुणों को भोगता हैं.

बहिर् अन्तश् च भूतानाम् अचरं चरं एव च।
सूक्ष्मत्वात् तद् अविज्ञेयं दूरस्थं चान्तिके च तत्।।१५।।

वह सारे भौतिक पदार्थों और प्राणियों के बाहर भी है और भीतर भी है. वह चल भी है और अचल भी है. वह इतना छोटा है कि उसे जाना नहीं जा सकता. वह बहुत दूर भी है और बहुत पास भी है.

अविभक्तं च भूतेषु विभक्तम् इव च स्थितम्।
भूत-भर्तृ च तज् ज्ञेयं ग्रसिष्णु प्रभविष्णु च।।१६।।

उसे टुकड़ों में नहीं बाँटा जा सकता. लेकिन भौतिक पदार्थों और प्राणियों में वह ऐसे मौजूद है मानो उस के टुकड़े टुकड़े कर दिए गए हों. वह जानने योग्य है. वह सब भूत पदार्थों और प्राणियों का पालक, नाशक और जनक है.

ज्योतिषाम् अपि तज् ज्योषिस् तमसः परम् उच्यते।
ज्ञानं ज्ञेयं ज्ञानगम्यं हृदि सर्वस्य विष्ठितम्।।१७।।

वह प्रकाशवानों का प्रकाश है. कहते हैं कि वह अंधकार से परे है. वह ज्ञान है—जानने की क्रिया का फल वह स्वयं है. वह ज्ञेय है—वह जानने योग्य है, ज्ञान का उद्देश्य है. वह ज्ञानगम्य है—उसे ज्ञान से जाना जा सकता है. वह सब के हृदय में बैठा है.

इति क्षेत्रं तथा ज्ञानं ज्ञेयं चोक्तं समासतः।
मद्भक्त एतद् विज्ञाय मद्भावायोऽपपद्यते।।१८।।

इस प्रकार संक्षेप में मैं ने तुझे क्षेत्र के बारे में बताया. मैं ने तुझे ज्ञान और ज्ञेय के बारे में भी बताया. इन्हें अच्छी तरह समझ कर मेरा भक्त मेरे भाव को, मेरे अस्तित्व को, पहुँचने योग्य हो जाता है.

प्रकृतिं पुरुषं चैव विद्ध्य् अनादी उभाव् अपि।
विकारांश् च गुणांश् चैव विद्धि प्रकृति-सम्भवान्।।१९।।

प्रकृति और पुरुष दोनों को ही तू अनादि जान—इन का जन्म नहीं

हुआ है. ये दोनों हमेशा से हैं. तू यह भी जान ले कि जितने विकार हैं— जितने परिवर्तन होते हैं, और जो (सत्त्व, रज और तम नामक) गुण हैं, उन का जन्म प्रकृति से है.

कार्य-करण-कर्तृत्वे हेतुः प्रकृतिर् उच्यते।
पुरुषः सुख-दुःखानां भोक्तृत्वे हेतुर् उच्यते।।२०।।

कार्य (प्रभाव) और करण (शरीर और इंद्रियों) के उद्भव का हेतु—आधार—प्रकृति को कहा गया है. सुखों और दुःखों के भोग का हेतु—आधार—पुरुष को कहा गया है.

पुरुषः प्रकृतिस्थो हि भुङ्क्ते प्रकृतिजान् गुणान्।
कारणं गुण-सङ्गोऽस्य सद्-असद्-योनि-जन्मसु।।२१।।

पुरुष या जीव प्रकृति में स्थापित हो जाता है. फिर वह प्रकृति से उत्पन्न होने वाले गुणों को (सत्व, रज और तम को) भोगता है. गुणों से संबंध हो जाने के कारण—उन में आसक्ति के कारण—पुरुष या आत्मा को अच्छी या बुरी योनियों में जन्म लेना पड़ता है.

उपद्रष्टाऽनुमन्ता च भर्ता भोक्ता महेश्वरः।
परमात्मेति चाप्य् उक्तो देहेऽस्मिन् पुरुषः परः।।२२।।

इस शरीर में परम पुरुष रहता है. उसे अनेक नामों या लक्षणों से कहते हैं.

वह उपद्रष्टा है—प्रकृति के व्यापार को देखता रहता है, इस लिए वह कर्मों का साक्षी है.

वह अनुमंता है—वह अनुमति देता है.

वह भर्ता है—सब का भरण करता है, पालन करता है.

वह भोक्ता है—सब भोगों को ग्रहण करता है.

वह महेश्वर है—सब देवों का ईश्वर है, सब से बड़ा है.

वह परमात्मा है—ऐसी आत्मा है जो परे है, सर्वोपरि है.

य एवं वेत्ति पुरुषं प्रकृतिं च गुणैः सह।
सर्वथा वर्तमानोऽपि न स भूयोऽभिजायते।।२३।।

पुरुष को और गुणमयी प्रकृति को जो इस प्रकार जानता है, वह जीवन व्यवहार को हर प्रकार से करते रहने पर भी फिर जन्म नहीं लेता.

ध्यानेनात्मनि पश्यन्ति केचिद् आत्मानम् आत्मना।
अन्य साङ्ख्येन योगेन कर्म-योगेन चापरे।।२४।।

कुछ लोग आत्मा में ध्यान केंद्रित कर के आत्मा के द्वारा आत्मा को देखते हैं. कुछ उसे सांख्य योग के द्वारा ज्ञान के माध्यम से देखते हैं. कुछ अन्य लोग उसे कर्म योग के द्वारा कर्म से देखते हैं.

अन्ये त्वेवम् अजानन्तः श्रुत्वाऽऽन्येभ्य उपासते।
तेऽपि चातितरन्त्य् एव मृत्युं श्रुति-परायणाः।।२५।।

कुछ लोग हैं, जो यह सब नहीं जानते. वे दूसरों से सुन कर उस की उपासना करते हैं. ज्ञान की बातें सुन कर भक्त बने ये लोग भी मृत्यु को पार कर लेते हैं.

यावत् सञ्जायते किञ्चित् सत्त्वं स्थावर-जङ्गमम्।
क्षेत्र-क्षेत्रज्ञ-संयोगात् तद् विद्धि भरतर्षभ।।२६।।

भरत श्रेष्ठ, जो कुछ भी चल और अचल, स्थावर और जंगम, जन्म लेता है, तू यह समझ कि वह क्षेत्र और क्षेत्रज्ञ के मेल से होता है.

समं सर्वेषु भूतेषु तिष्ठन्तं परमेश्वरम्।
विनश्यत्स्व् अविनश्यन्तं यः पश्यति स पश्यति।।२७।।

सब भूत पदार्थों और प्राणियों के भीतर परमेश्वर समान भाव से स्थित है. इन के नष्ट हो जाने पर भी वह नष्ट नहीं होता. सही देखने वाला व्यक्ति वही है जो यह सब देख पाता है.

समं पश्यन् हि सर्वत्र समवस्थितम् ईश्वरम्।

न हिनस्त्य् आत्मनाऽऽत्मानं ततो याति परां गतिम्।।२८।।

ईश्वर हर जगह समान रूप से स्थित है—जो इस बात को सम्यक् बुद्धि से देखता है, वह अपनी आत्मा से आत्मा का नाश नहीं करता. वह परम गति को पाता है.

प्रकृत्यैव च कर्माणि क्रियमाणानि सर्वशः।
यः पश्यति तथाऽऽत्मानम् अकर्तारं स पश्यति।।२९।।

सब प्रकार के सारे कर्म प्रकृति करती है, आत्मा नहीं—जो यह देखता है, वह सही देखता है.

यदा भूत-प्रथग्-भावम् एकस्थम् अनुपश्यति।
तत एव च विस्तारं ब्रह्म सम्पद्यते तदा।।३०।।

जब अलग अलग भूत पदार्थ और प्राणी उस एक में स्थित और उस एक का विस्तार—फैलाव—दिखाई देने लगते हैं, तब ब्रह्म मिलता है.

अनादित्वान् निर्गुणत्वात् परमात्माऽऽयम् अवययः।
शरीरस्थोऽपि कौन्तेय न करोति न लिप्यते।।३१।।

परमात्मा अनादि है—उस का आरंभ नहीं है. वह निर्गुण है—सत्त्व, रज और तम इन तीन गुणों से वह अलग है. इसी कारण परमात्मा अव्यय है—उस में परिवर्तन नहीं होता. कौंतेय, इसी लिए वह देह में मौजूद होने पर भी न तो कुछ करता है, न लिप्त होता है.

यथा सर्वगतं सौक्ष्म्याद् आकाशं नोपलिप्यते।
सर्वत्राऽऽवस्थितो देहे तथाऽऽत्मा नोपलिप्यते।।३२।।

जैसे व्यापक आकाश सूक्ष्मता से लिप्त नहीं होता. वैसे ही हर जगह शरीर में उपस्थित होने पर भी आत्मा लिप्त नहीं होती.

यथा प्रकाशयत्य् एकः कृत्स्नं लोकम् इमं रविः।

क्षेत्रं क्षेत्री तथा कृत्स्नं प्रकाशयति भारत।।३३।।

जैसे एक सूरज सारे लोक को प्रकाशित करता है, भारत, वैसे ही एक क्षेत्री—क्षेत्रज्ञ—संपूर्ण क्षेत्र को प्रकाशित करता है.

क्षेत्र-क्षेत्रज्ञयोर् एवम् अन्तरं ज्ञान-चक्षुषा।
भूत-प्रकृति-मोक्षं च ये विदुर् यान्ति ते परम्।।३४।।

ज्ञान की आँखों से जो लोग यह जान जाते हैं कि क्षेत्र और क्षेत्रज्ञ में क्या अंतर है और भौतिक प्रकृति से मुक्ति पाने का उपाय क्या है, वे ज्ञानी परम गति पाते हैं.

इति श्रीमद्-भगवद्-गीतासु उपनिषत्सु ब्रह्म-विद्यायां योग-शास्त्रे श्री-कृष्णार्जुन-संवादे क्षेत्र-क्षेत्रज्ञ-विभाग योगो नाम त्रयोदशोऽध्यायः

यह था श्रीमद् भगवद् गीता उपनिषद ब्रह्म विद्या योग शास्त्र श्री कृष्ण अर्जुन संवाद में क्षेत्र क्षेत्रज्ञ विभाग योग नाम का तेरहवाँ अध्याय

चतुर्दशोऽध्यायः

त्रिगुण विभाग योग

श्रीभगवान् उवाच

परं भूयः प्रवक्ष्यामि ज्ञानानां ज्ञानम् उत्तमम्।
यज् ज्ञात्वा मुनयः सर्वे परां सिद्धिम् इतो गताः।।१।।

श्री भगवान ने कहा

मैं तुझे फिर वह बताता हूँ जो महान ज्ञान है. यह सब ज्ञानों में उत्तम है. इस ज्ञान को पार कर सब मुनियों को परम सिद्धि मिल गई और वे इस लोक में तर गए.

इदं ज्ञानम् उपाश्रित्य मम साधर्म्यम् आगताः।
सर्गेऽपि नोपजायन्ते प्रलये न व्यथन्ति च।।२।।

इस ज्ञान की शरण में आ कर लोग मुझ जैसे हो जाते हैं. नए कल्प में जब सृष्टि फिर से बनेगी, तब भी वे जन्म के बंधन से मुक्त रहेंगे और प्रलय काल में उन्हें व्यथा नहीं होगी.

मम योनिर् महद् ब्रहम तस्मिन् गर्भं दधाम्य् अहम्।
सम्भवः सर्व-भूतानां ततो भवति भारत।।३।।

महद् ब्रह्म मेरी योनि है. यह ऐसा गर्भाशय है, जिस में गर्भ की स्थापना मैं करता हूँ, बीज मैं रखता हूँ. भारत, इसी से सारे भूत पदार्थों और प्राणियों का जन्म होता है.

सर्व-योनिषु कौन्तेय मूर्तयः सम्भवन्ति याः।

तासां ब्रह्म महद् योनिर् अहं बीजप्रदः पिता।।४।।

संसार में जितनी जीव जातियाँ हैं और उन के जितने भी रूप आकार हैं, उन की योनि, उन का गर्भस्थल महद् ब्रह्म है. उस में बीज की स्थापना करने वाला पिता मैं हूँ.

सत्त्वं रजस् तम इति गुणाः प्रकृति-सम्भवाः।
निबध्नन्ति महाबाहो देहे देहिनम् अव्ययम्।।५।।

सत्त्व, रज और तम—ये तीनों गुण प्रकृति से पैदा हुए हैं. महाबाहु, ये गुण अव्यय—परिवर्तनहीन—आत्मा को शरीर से बाँधते हैं.

तत्र सत्त्वं निर्मलत्वात् प्रकाशकम् अनामयम्।
सुख-सङ्गेन बध्नाति ज्ञान-सङ्गेन चानघ।।६।।

उन में सत्त्व गुण निर्मल होने के कारण निर्विकार और प्रकाशप्रद है. पापहीन अर्जुन, वह सुख और ज्ञान से बाँधता है.

रजो रागात्मकं विद्धि तृष्णाऽऽसङ्ग-समुद्भवम्।
तन् निबध्नाति कौन्तेय कर्मसङ्गेन देहिनम्।।७।।

रजोगुण को तू रागात्मक समझ. उस का जन्म तृष्णा—प्यास, इच्छा—के साथ संसर्ग से होता है. वह आत्मा को सुख के प्रति आसक्ति से बाँधता है.

तमस्त्व् अज्ञानजं विद्धि मोहनं सर्व-देहिनाम्।
प्रमादालस्य-निद्राभिस् तन् निबध्नाति भारत।।८।।

तमोगुण को तो अज्ञान से पैदा हुआ जान. वह मोहक है, §ामक है. वह देहधारियों को मोह लेता है. भारत, वह प्रमाद—मादकता और असावधानी—से, आलस्य से और नींद से बाँधता है.

सत्त्वं सुखे सञ्जयति रजः कर्मणि भारत।
ज्ञानम् आवृत्य तु तमः प्रमादे सञ्जयत्य् उत।।९।।

भारत, सत्त्व गुण सुख से जोड़ता है, रजोगुण कर्म से, ज्ञान पर परदा डाल कर तमोगुण प्रमाद से जोड़ता है.

रजस् तमश् चाभिभूय सत्त्वं भवति भारत।
रजः सत्त्वं तमश् चैव तमः सत्त्वं रजस् तथा।।१०।।

रज और तम को दबा कर सत्त्व गुण होता है. भारत, इसी प्रकार सत्त्व और तम को दबा कर रजोगुण होता है, और सत्त्व और रज को दबा कर तमोगुण होता है.

सर्व-द्वारेषु देहेऽस्मिन् प्रकाश उपजायते।
ज्ञानं यदा तदा विद्याद् विवृद्धं सत्त्वम् इत्य् उत।।११।।

जब यह लगे की शरीर के सब द्वारों में उजाला सा फूट रहा है, और ज्ञान बढ़ रहा है, तो यह समझना चाहिए कि सत्त्व गुण प्रबल है.

लोभः प्रवृत्तिर् आरम्भः कर्मणा अशमः स्पृहा।
रजस्य् एतानि जायन्ते विवृद्धे भरतर्षभ।।१२।।

भरत श्रेष्ठ, रजोगुण बढ़ने पर लोभ बढ़ता है. सक्रियता बढ़ती है. कर्मों का सूत्रपात होता है. अशांति बढ़ती है. स्पृहा—लालसाएँ बढ़ती हैं.

अप्रकाशोऽप्रवृत्तिश् च प्रमादो मोह एव च।
तमस्येतानि जायन्ते विवृद्धे कुरु-नन्दन।।१३।।

मन का अंधकार, अप्रवृत्ति (निष्क्रियता, आलस्य), प्रमाद (लापरवाही) और मोह (भ्रम)... कुरुनंदन, ये सब तमोगुण बढ़ने पर होते हैं.

यदा सत्त्वे प्रवृद्धे तु प्रलयं याति देह-भृत्।
तदोत्तम-विदां लोकान् अमलान् प्रतिपद्यते।।१४।।

यदि मृत्यु के समय सत्त्व गुण प्रबल हो तो आत्मा उन निर्मल निष्कलंक लोकों को जाती है जो उत्तम को जानने वाले ज्ञानियों को मिलते हैं.

रजसि प्रलयं गत्वा कर्म-सङ्गिषु जायते।
तथा प्रलीनस् तमसि मूढ-योनिषु जायते।।१५।।

मृत्यु के समय रजोगुण प्रबल हो तो पुनर्जन्म उन लोगों के बीच होता है जिन की आसक्ति कर्मों में होती हैं. तमोगुण की प्रबलता में मृत्यु हो तो नया जन्म मूढ़ योनियों में होता है.

कर्मणः सुकृतस्याहुः सात्त्विकं निर्मलं फलम्।
रजसस् तु फलं दुःखम् अज्ञानं तमसः फलम्।।१६।।

कहा जाता है कि पुण्य कर्मों का फल सात्त्विक और निर्मल होता है. रजोगुण से युक्त कर्मों का फल दुःख है. तमोगुणी कर्मों का फल अज्ञान होता है.

सत्त्वात् सञ्जायते ज्ञानं रजसो लोभ एव च।
प्रमाद-मोहौ तमसो भवतोऽज्ञानम् एव च।।१७।।

सत्त्व गुण से ज्ञान होता है. रजोगुण से लालच ही होगा. तमोगुण का परिणाम प्रमाद और मोह तो होता ही है, अज्ञान भी होता है.

ऊर्ध्वं गच्छन्ति सत्त्वस्था मध्ये तिष्ठन्ति राजसाः।
जघन्य-गुण-वृत्तिस्था अधो गच्छन्ति तामसाः।।१८।।

सत्त्व गुण में स्थित रहने वाले ऊपर जाते हैं. रजोगुणी बीच में रहते हैं. निंदनीय गुण में जिन की वृत्ति है वे तामसिक लोग नीचे जाते हैं.

नान्यं गुणेभ्यः कर्तारं यदा द्रष्टाऽऽनुपश्यति।
गुणेभ्यश् च परं वेत्ति मद्भावं सोऽधिगच्छति।।१९।।

एक अवस्था में ज्ञानी पुरुष को यह दिखाई देने लगता है कि इन गुणों के अतिरिक्त कोई अन्य कर्ता नहीं है. जब वह गुणों के पार स्थित परम ब्रह्म को पहचान जाता है, तो वह मेरे अस्तित्व को पा लेता है.

गुणान् एतान् अतीत्य त्रीन् देही देह-समुद्भवान्।।

जन्म-मृत्यु-जरा-दुःखैर् विमुक्तोऽमृतम् अश्नुते।।२०।।

ये तीनों गुण देह में पैदा होते हैं. देह में रहने वाली आत्मा जब इन तीनों गुणों को पार कर लेती है, तो वह जन्म और मृत्यु के, बुढ़ापे और दुःखों के बंधन से छूट जाती है. तब वह अमरत्व को भोगती है.

अर्जुनोवाच

कैर् लिङ्गैस् त्रीन् गुणान् एतान् अतीतो भवति प्रभो।
किम् आचारः कथं चैतांस् त्रीन् गुणान् अतिवर्तते।।२१।।

अर्जुन ने कहा

जो इन तीन गुणों से ऊपर उठ जाता है, उस का लक्षण क्या है? प्रभु, वह कैसा आचरण करता है? इन तीन गुणों से ऊपर वह कैसे जा सकता है?

श्रीभगवान् उवाच

प्रकाशं च प्रवृत्तिं च मोहम् एव च पाण्डव।
न द्वेष्टि सम्प्रवृत्तानि न निवृत्तानि काङ्क्षति।।२२।।

श्री भगवान ने कहा

पांडव, (सत्त्व गुण का) प्रकाश, (रजोगुण की) प्रवृत्ति और (तमोगुण का) मोह पाने पर वह दुःख नहीं मनाता और ये न मिलने पर वह इन्हें पाने की इच्छा नहीं करता.

उदासीनवद् आसीनो गुणैर् यो न विचाल्यते।
गुणा वर्तन्त इत्येव योऽवतिष्ठति नेङ्गते।।२३।।

तटस्थों की तरह वह उदासीन होता है. गुण उसे विचलित नहीं करते. अलग बैठा वह यह देखता रहता है कि किस प्रकार गुण आपस में प्रतिक्रिया कर रहे हैं. वह अपने को इन के खेल से अलग मानता है और इन गुणों के खेल को चलाने की कोशिश नहीं करता.

सम-दुःख-सुखः स्वस्थः सम-लोष्टाश्म-काञ्चनः।

तुल्य-प्रियाप्रियो धीरस् तुल्य-निन्दात्म-संस्तुति।।२४।।

वह दुःख और सुख को एक समान समझता है. वह अपने में ही स्थित होता है. उस के लिए मिट्टी, पत्थर और सोना एक जैसे होते हैं. प्रिय और अप्रिय—अच्छा और बुरा, मनचाहा और अनचाहा—उस के लिए सब बराबर हैं. वह धैर्य बुद्धि वाला होता है. अपनी निंदा और प्रशंसा को वह एक समान मानता है.

मानाऽऽपमानयोस् तुल्यस् तुल्यो मित्रारि-पक्षयोः।
सर्वारम्भ-परित्यागी गुणातीतः स उच्यते।।२५।।

मान और अपमान उस के लिए बराबर होते हैं. दोस्त और दुश्मन के पक्षों को वह सम भाव से तौलता है. उस के सब प्रयास फल की इच्छा से रहित होते हैं. उसे गुणातीत कहते हैं—वह गुणों से ऊपर उठा कहा जाता है.

मां च योऽव्यभिचारेण भक्ति-योगेन सेवते।
स गुणान् समतीत्यैतान् ब्रह्म-भूयाय कल्पते।।२६।।

वह भक्ति योग के द्वारा मेरी सेवा करता है. उस की भक्ति अव्यभिचारी होती है—मेरे सिवा वह किसी ओर को नहीं भजता. वह इन गुणों की अच्छी तरह पार कर के ब्रह्म बनने योग्य है.

ब्रह्मणो हि प्रतिष्ठाहम् अमृतस्याऽऽव्ययस्य च।
शाश्वतस्य च धर्मस्य सुखस्यैकान्तिकस्य च।।२७।।

अमर और अव्यय ब्रहम का, शाश्वत धर्म का और अखंड सुख का आधार मैं ही हूँ.

इति श्रीमद्-भगवद्-गीतासु उपनिषत्सु ब्रह्म-विद्यायां योग-शास्त्रे श्री-कृष्णार्जुन-संवादे गुणत्रय-विभाग योगो नाम चतुर्दशोऽध्यायः

यह था श्रीमद् भगवद् गीता उपनिषद ब्रह्म विद्या योग शास्त्र श्री कृष्ण अर्जुन संवाद में गुणत्रय विभाग योग नाम का चौदहवाँ अध्याय

पञ्चदशोऽध्यायः

पुरुषोत्तम योग

श्रीभगवान् उवाच

ऊर्ध्व-मूलम् अधःशाखम् अश्वत्थं प्राहुर् अव्ययम्।
छन्दांसि यस्य पर्णानि यस् तं वेद स वेदवित्।।१।।

श्री भगवान ने कहा

कहते हैं कि पीपल का एक पेड़—अश्वत्थ—ऐसा है जिस की जड़ें ऊपर हैं और शाखाएँ नीचे. यह पेड़ अव्यय है. वेदों के छंद इस पीपल के पत्ते हैं. जो यह जानता है, वह वेदों को जानता है.

अधश् चोर्ध्वं प्रसृतास् तस्य शाखा
गुण-प्रवृद्धा विषय-प्रवालाः।
अधश् च मूलान्य् अनुसन्ततानि
कर्मानुबन्धीनि मनुष्य-लोके।।२।।

इस अश्वत्थ की शाखाएँ नीचे और ऊपर फैली हैं. इन शाखाओं का प्रसार तीनों गुणों ने किया है. इंद्रियों के शब्द आदि विषय इस अश्वत्थ की कोंपले हैं. इस की जड़ें नीचे भी फैल रही हैं. ये जड़ें मनुष्य लोक में कर्म को जन्म देती हैं.

न रूपम् अस्येह तथोपलभ्यते
नान्तो न चादिर् न च सम्प्रतिष्ठा।
अश्वत्थम् एनं सुविरूढ-मूलम्
असङ्ग-शस्त्रेण दृढेन छित्त्वा।।३।।

इस का रूप यहाँ से नहीं देखा जा सकता. न इस वृक्ष का अंत देखा जा सकता है, न आरंभ, न वह स्थान जहाँ यह टिका है. मज़बूत जड़ों वाले इस अश्वत्थ वृक्ष को अनासक्ति के दृढ़ शस्त्र से काटना चाहिए.

ततः पदं तत् परिमार्गितव्यं
यस्मिन् गता न निवर्तन्ति भूयः।
तमेव चाद्यं पुरुषं प्रपद्ये
यतः प्रवृत्तिः प्रसृता पुराणी।।४।।

इस के बाद उस पद का—स्थान का—रास्ता ढूँढ़ना चाहिए जहाँ पहुँच कर फिर लौटना नहीं होता. और यह दृढ़ निश्चय करना चाहिए कि मैं उस आदि पुरुष की ही शरण में जाता हूँ. यह सब उसी की प्राचीन प्रवृत्ति का फैलाव है.

निर्-मान-मोहा जित-सङ्ग-दोषा
अध्यात्म-नित्या विनिवृत्त-कामाः।
द्वंद्वैर् विमुक्ताः सुख-दुःख-सञ्ज्ञैः
गच्छन्त्य् अमूढाः पदम् अव्ययं तत्।।५।।

उस अव्यय पद—स्थान—को जो ज्ञानी जान जाते हैं—
उन में न तो मान और घमंड है, न मोह और भ्रम है.
उन्हों ने अपने मन की आसक्ति को, लगाव को, जीत लिया है.
वे नित्य अध्यात्म में लगे रहते हैं, आत्मा का मनन करते हैं.
वे कामनाओं और चाहतों से निवृत्त हो गए हैं.
सुख और दुःख के नाम से जाने वाले द्वंद्व से वे मुक्त हो गए हैं.

न तद् भासयते सूर्यो न शशाङ्को न पावकः।
यद् गत्वा न निवर्तन्ते तद् धाम परमं मम।।६।।

उसे न सूर्य प्रकाशित करता है, न चंद्रमा, न अग्नि. उस स्थान को जा कर लौटना नहीं होता. वह मेरा परम धाम है.

ममैवांशो जीव-लोके जीव-भूतः सनातनः।
मनः षष्ठानीऽऽन्द्रियाणि प्रकृतिस्थानि कर्षति।।७।।

मेरा ही सनातन अंश जीवलोक में जीव बन जाता है. प्रकृति में स्थित मन सहित छहों ज्ञानेंद्रियों को वह खींचता है.

शरीरं यद् अवाप्नोति यच् चाप्य् उत्क्रामतीश्वरः।
गृहीत्वैतानि संयाति वायुर् गन्धान् इवाशयात्।।८।।

शरीर को पाने और छोड़ने के समय ईश्वर—स्वामी, जीव—इन इंद्रियों को पकड़ कर वैसे ही ले जाता है जैसे हवा गंध को उस के स्थान से उड़ा कर ले जाती है.

श्रोत्रं चक्षुः स्पर्शनं च रसनं घ्राणम् एव च।
अधिष्ठाय मनश् चायं विषयान् उपसेवते।।९।।

कान, आँख, त्वचा, जीभ और नाक, और इन के साथ साथ मन—इन इंद्रियों में स्थित हो कर वह विषयों का सेवन करता है.

उत्क्रामन्तं स्थितं वापि भुञ्जानं वा गुणान्वितम्।
विमूढा नानुपश्यन्ति पश्यन्ति ज्ञान-चक्षुषः।।१०।।

यह जीव शरीर छोड़ कर जा रहा हो, या शरीर में स्थित हो, या तीनों गुणों से संयुक्त हो कर विषयों का भोग करता हो—अज्ञानी जन उसे नहीं देखते. लेकिन जिन्हें ज्ञान की आँखे मिल चुकी हैं, वे इसे देखते हैं.

यतन्तो योगिनश् चैनं पश्यन्त्य् आत्मन्य् अवस्थितम्।
यततन्तोऽप्य् अकृतात्मानो नैनं पश्यन्त्य् अचेतसः।।११।।

योगी जन कोशिश कर के इस जीव को अपने में स्थित देखते हैं. लेकिन मूढ़ और अज्ञानी जन कोशिश कर के भी इसे नहीं देख पाते.

यद् आदित्य-गतं तेजो जगद् भासयतेऽखिलम्।
यच् चन्द्रमसि यच् चाग्नौ तत् तेजो विद्धि मामकम्।।१२।।

सूर्य में जो तेज है, जो सारे जगत में उजाला फैलाता है, और जो तेज चंद्रमा में है, और जो तेज अग्नि में है, उसे तू मेरा ही तेज समझ.

गाम् आविश्य च भूतानि धारयाम्य् अहं ओजसा।
पुष्णामि चौषधीः सर्वाः सोमो भूत्वा रसात्मकः।।१३।।

पृथिवी में प्रवेश कर के मैं अपने ओज से सब भौतिक पदार्थों और प्राणियों को धारण करता हूँ. मैं ही अमृतमय चंद्रमा हो कर सारी औषधियों—वनस्पतियों—का पोषण करता हूँ.

अहं वैश्वानरो भूत्वा प्राणिनां देहम् आश्रितः।
प्राणापान-समायुक्तः पचाम्य् अन्नं चतुर्विधम्।।१४।।

वैश्वानर अग्नि बन कर मैं प्राणियों की देह में समा जाता हूँ. प्राण और अपान वायुओं के साथ मिल कर मैं चारों प्रकार के अन्नों का पचाता हूँ.

सर्वस्य चाहं हृदि सन्निविष्टो
मतः स्मृतिर् ज्ञानम् अपोहनं च।
वेदैश् च सर्वैर् अहम् एव वेद्यो
वेदान्तकृद् वेदविद् एव चाहम्।।१५।।

मैं सब के हृदय में स्थित हूँ. स्मृति, ज्ञान और शंका निवारण मुझ से ही होते हैं. वेदों के द्वारा जिसे जाना जाता है, वह मैं ही हूँ. वेदांत को बनाने वाला और वेद को जानने वाला भी मैं हूँ.

द्वाविमो पुरुषौ लोके क्षरश् चाक्षर एव च।
क्षरः सर्वाणि भूतानि कूटस्थोऽक्षर उच्यते।।१६।।

संसार में दो प्रकार के पुरुष हैं. एक, क्षर—जिस का नाश होता है. दूसरा, अक्षर—जिस का नाश नहीं होता. जितने भी मूत प्राणी हैं, वे क्षर हैं. उन का नाश होता. जो इन के भीतर स्थित है, उसे अक्षर कहते हैं.

उत्तमः पुरुषस्त्व् अन्यः परमात्मेत्य् उदाहृतः।
यो लोक-त्रयम् आविश्य बिभर्त्य् अव्यय ईश्वरः।।१७।।

एक उत्तम पुरुष और है, जिसे परमात्मा कहते हैं. तीनों लोकों में वह समाया है. वह सब को पालता है. वह अव्यय है. वह ईश्वर है.

यस्मात् क्षरम् अतीतोऽहम् अक्षराद् अपि चोत्तमः।
अतोऽस्मि लोके वेदे च प्रथितः पुरुषोत्तम।।१८।।

इस लिए मैं क्षर और अक्षर—दोनों—से परे हूँ और उत्तम हूँ. और इसी लिए संसार में और वेदों में मैं पुरुषोत्तम नाम से प्रसिद्ध हूँ.

यो माम् एव असम्मूढो जानाति पुरुषोत्तमम्।
स सर्वाविद् भजति मां सर्व-भावेन भारत।।१९।।

जो भ्रमहीन जन मुझे इस प्रकार पुरुषोत्तम रूप से जानता है, भारत, वह सब कुछ जानता है, और वह हर भाव से मेरी पूजा करता है.

इति गुह्यतं शास्त्रम् इदम् उक्तं मयानघ।
एतद् बुद्ध्वा बुद्धिमान् स्यात् कृत-कृत्यश् च भारत।।२०।।

पापहीन, मैं ने यह अत्यंत गूढ़ शास्त्र मुझे बताया. भारत, यह जान कर आदमी बुद्धिमान् हो जाता है. और वह सारे कर्मों से निवृत्त हो जाता है.

इति श्रीमद्-भगवत्-गीतासु उपनिषत्सु ब्रह्म-विद्यायां योग-शास्त्रे श्री-कृष्णार्जुन-संवादे पुरुषोत्तम-योगो नाम पञ्चदशोऽध्यायः

यह था श्रीमद् भगवद् गीता उपनिषद् ब्रह्म विद्या योग शास्त्र श्री कृष्ण अर्जुन संवाद में पुरुषोत्तम योग नाम का पंदरहवाँ अध्याय

षोडशोऽध्यायः

दैवासुर संपद् विभाग योग

श्रीभगवान् उवाच

अभयं सत्त्व-संशुद्धिर् ज्ञान-योग-व्यवस्थितिः।
दानं दमश् य यज्ञश् च स्वाध्यायस् तप आर्जवम्।।१।।

श्री भगवान ने कहा

एक. निर्भयता—भय का न होना, मन से निडर होना.

दो. सत्त्व संशुद्धि—पूरे अस्तित्व का, अंतःकरण का, शुद्ध होना.

तीन. ज्ञान योग में स्थिति—तत्त्व ज्ञान में दृढ़ता से लगे रहना.

चार. दान—उदारता की भावना.

पाँच. दमन—आत्मसंयम, स्व अनुशासन.

छः. यज्ञ—श्रुति स्मृति द्वारा बताए गए अग्निहोत्र आदि यज्ञ, निज हितार्थ और सामाजिक कल्याणार्थ निर्दिष्ट कर्म.

सात. स्वाध्याय—नियमित रूप से आत्मा का चिंतन और मनन.

आठ. तप—शरीर की साधना.

नौ. आर्जव—सरलता, सादगी, खरापन, निष्कपटता.

अहिंसा सत्यम् अक्रोधस् त्यागः शान्तिर् अपैशुनम्।
दया भूतेष्व् अलोलुप्त्वं मार्दवं ह्रीर् अचापलम्।।२।।

दस. अहिंसा—मन, वचन और कर्म से किसी को पीड़ा न पहुँचाना.

ग्यारह. सत्य—सत्य पर चलना, सत्य सोचना, बोलना और करना.

बारह. अक्रोध—किसी पर क्रोध न करना, ग़ुस्सा न होना.

तेरह. त्याग—कर्मों के फल का त्याग और इस भावना का त्याग कि मैं कुछ करता हूँ.

चौदह. शांति—सांत्वना, मन में प्रशांत भाव.

पंदरह. अपैशुन—निंदाहीनता, चुगली न करना, दुष्ट न होना.

सोलह. दया—सब प्राणियों के प्रति करुणा, सहानुभूति.

सत्तरह. अलोलुपता—लालच का न होना.

अठारह. मार्दव—मृदुता, लचीलापन, कोमलता.

उन्नीस. ह्री—लज्जा, शरमीलापन.

बीस. अचपलता—अचंचलता.

तेजः क्षमा धृतिः शौचम् अद्रोहो नातिमानता।
भवन्ति सम्पदं दैवीम् अभिजातस्य भारत।।३।।

इक्कीस. तेज—तेजस्विता, कांति, चमक, ओज, चरित्र का बल.

बाईस. क्षमा—दूसरों को माफ़ करने की भावना, सहनशीलता.

तेईस. धृति—धारण करने की शक्ति, धैर्य.

चौबीस. शुचि—मन और तन की स्वच्छता, पवित्रता.

पच्चीस. अद्रोह—किसी से दुश्मनी न होना, किसी का बुरा न चाहना.

सत्ताईस. नातिमानता—अपने आप को बहुत ऊँचा न मानना, बड़ा न मानना, अनभिमान, अभिमानहीनता.

भारत, ये सब लक्षण उन के हैं जो दैवी संपदा के साथ पैदा होते हैं.

दम्भो दर्पोऽभिमानश् च क्रोधः पारुष्यम् एव च।
अज्ञानं चाभिजातस्य पार्थ सम्पदम् आसुरीम्।।४।।

दंभ, दर्प, अभिमान, क्रोध, कठोरता, अज्ञान—ये लक्षण उन के हैं, पार्थ, जो आसुरी संपदाएँ ले कर पैदा होते हैं.

दैवी सम्पद् विमोक्षाय निबन्धायासुरी मता।

मा शुचः सम्पदं दैवीम् अभिजातोऽसि पाण्डव।।५।।

यह माना गया है कि दैवी संपदाएँ मोक्ष दिलवाती हैं और आसुरी संपदाएँ मनुष्य को बाँधती हैं. शोक मत कर, पांडव, तेरा जन्म दैवी संपदाओं के साथ हुआ है.

द्वौ भूत-सर्गौ लोकेऽस्मिन् दैव आसुर एव च।
दैवो विस्तरशः प्रोक्त आसुरं पार्थ मे शृण।।६।।

संसार में लोग दैवी और आसुरी—इन दो वृत्तियों के होते हैं. मैं ने तुझे दैवी वृत्ति के लोगों के बारे में विस्तार से बताया. पार्थ, अब तू मुझ से आसुरी वृत्ति से लोगों के बारे में सुन.

प्रवृत्तिं च निवृत्तिं च जना न विदुर् आसुराः।
न शौचं नापि चाचारो न सत्यं तेषु विद्यते।।७।।

आसुरी वृत्ति वाले लोग नहीं जानते कि किन कामों में लगना है और किन से दूर रहना है. वे मन से, तन से और कर्म से साफ़ नहीं होते. उन्हें सही आचरण नहीं आता. उन में सत्य नहीं होता.

असत्यम् अप्रतिष्ठं ते जगद् आहुर् अनीश्वरम्।
अ-परस्पर-सम्भूतं किम् अन्यत् काम-हैतुकम्।।८।।

वे कहते हैं कि संसार असत्य है, संसार का कोई आधार नहीं है. इस संसार को बनाने वाला कोई ईश्वर नहीं है. इस की विभिन्न प्रक्रियाएँ एक दूसरे से स्वतंत्र और असंबद्ध हैं. संसार में भोगों को भोगने और चाहतों और इच्छाओं को पूरा करने के अतिरिक्त और है ही क्या?

एतां दृष्टिम् अवष्टभ्य नष्टात्मानोऽल्प-बुद्धयः।
प्रभवन्त्य् उग्र-कर्माणः क्षयाय जगतोऽहिताः।।९।।

इस दृष्टिकोण में विश्वास ने उन की आत्मा को नष्ट कर दिया है. उन की बुद्धि अल्प है. वे सब का अहित करते हैं. उन के कर्म उग्र हैं. उन का जन्म जगत का नाश करने के लिए होता है.

कामम् आश्रित्य दुष्पूरं दम्भ-मान-मदान्विताः।
मोहाद् गृहीत्वाऽऽसद्-ग्राहान् प्रवर्तन्तेऽशुचि-व्रताः।।१०।।

उन की चाहतों का पूरा होना कठिन है. वे घमंड, बड़प्पन और मद से भरे हैं. अपनी मूर्खता के बस में हो कर वे मिथ्या सिद्धांतों और विश्वासों को मानते हैं. उन के व्रत, उन के संकल्प गंदे हैं.

चिन्ताम् अपरिमेयां च प्रलयान्ताम् उपाश्रिताः।
कामोपभोग-परमा एतावद् इति निश्चिताः।।११।।

मरने के क्षण तक उन का पूरा जीवन अनंत चिंताओं से घिरा रहता है. वे कामनाओं—इच्छाओं—के भोग में हमेशा लगे रहते हैं. उन का दृढ़ विश्वास है कि संसार बस यही है.

आशा-पाश-शतैर्-बद्धाः काम-क्रोध-परायणाः।
ईहन्ते काम-भोगार्थम् अन्यायेनार्थ-सञ्चयान्।।१२।।

सैकड़ों आशाओं के फंदे उन्हें बाँधे रहते हैं. उन की तत्परता काम और क्रोध में रहती है. काम विषयों को भोगने के लिए वे अन्याय से, बेईमानी से, धन इकट्ठा करते हैं.

इदम् अद्य मया लब्धम् इमं प्राप्स्ये मनोरथम्।
इदम् अस्तीदम् अपि मे भविष्यति पुनर् धनम्।।१३।।

आज मैं ने यह पाया. अब मेरा यह मनोरथ, मेरी इच्छा पूरी होगी. मेरे पास इतना धन है. कल बढ़ कर यह इतना हो जाएगा.

असौ मया हतः शत्रुर् हनिष्ये चापरान् अपि।
ईश्वरोऽहम् अहं भोगी सिद्धोऽहं बलवान् सुखी।।१४।।

मेरा यह दुश्मन था, इसे मैं ने मिटा डाला, मार डाला, बाक़ी को भी मैं ऐसे ही मार डालूँगा. मैं ईश्वर हूँ. मैं भोगों का स्वामी हूँ. मैं सिद्ध हूँ. मैं बलवान हूँ. मैं सुखी हूँ.

आढ्योऽभिजनवान् अस्मि कोऽन्योऽस्ति सदृशो मया।
यक्ष्ये दास्यामि मोदिष्य इत्य् अज्ञान-विमोहिताः।।१५।।

मैं बड़ा सेठ हूँ. इतना ऊँचा मेरा घराना है. कौन है जो मेरी बराबरी कर सकता है? यज्ञ करूँगा. दान करूँगा. मौज करूँगा. वे ऐसी ही बाते करते हैं. वे अज्ञान में फँसे हैं.

अनेक-चित्त-विभ्रान्ता मोह-जाल-समावृताः।
प्रसक्ताः काम-भोगेषु पतन्ति नरकेऽशुचौ।।१६।।

वे अनेक चित्त वाले हैं और इस लिए भ्रमित हैं. वे भ्रम के जाल में फँसे हैं, विषय भोगों से चिपके रहते हैं. वे गंदे नरक में गिरते हैं.

आत्म-सम्भाविताः स्तब्धा धन-मान-मदान्विताः।
यजन्ते नाम-यज्ञैस् ते दम्भेनाऽऽविधि-पूर्वकम्।।१७।।

वे घमंड से जकड़े हैं. वे जड़ हैं. धन, बड़प्पन और मद से भरे हैं. वे यज्ञ करते हैं, लेकिन वह केवल नाम का होता है. उस के पीछे घमंड, पाखंड और दिखावा होता है. वह यज्ञ सही विधि से नहीं किया जाता.

अहङ्कारं बलं दर्पं कामं क्रोधं च संश्रिताः।
माम् आत्म-पर-देहेषु प्रद्विषन्तोऽभ्यसूयकाः।।१८।।

वे अहंकार से भरे हैं. अपने को बलशाली समझते हैं. घमंडी हैं. काम और क्रोध से वे लिपटे हैं. वे दूसरों से ईर्ष्या करते रहते हैं. अपने और दूसरो के शरीर में स्थित मुझ से घृणा करते हैं.

तान् अहं द्विषतः क्रूरान् संसारेषु नराधमान्।
क्षिपाम्य् अजस्रम् अशुभान् आसुरीष्व् एव योनिषु।।१९।।

उन द्वेषियों, क्रूरों, पापियों और नराधम नीचों को मैं बार बार आसुरी योनियों में गिराता हूँ.

आसुरीं योनिम् आपन्ना मूढा जन्मनि जन्मनि।

माम् अप्राप्यैव कौन्तेय ततो यान्त्य् अधमां गतिम्।।२०।।

जन्म जन्मांतर तक वे मूर्ख आसुरी योनियों में गिरते रहते हैं. मैं उन्हें नहीं मिल पाता. कौंतेय, इस से वे अधम गति को पाते हैं.

त्रिविधं नरकस्येदं द्वारं नाशनम् आत्मनः।
कामः क्रोधस् तथा लोभस् तस्माद् एतत् त्रयं त्यजेत्।।२१।।

काम, क्रोध और लोभ—ये तीनों नरक के द्वार हैं. ये तीनों आत्मा का नाश करते हैं. इस लिए इन तीनों को त्यागना चाहिए.

एतैर् विमुक्तः कौन्तेय तमो-द्वारैस् त्रिभिर् नरः।
आचरत्य् आत्मनः श्रेयस् ततो याति परां गतिम्।।२२।।

कौंतेय, अंधकार के ये तीन द्वार हैं. इन से मुक्त हो कर आत्मा के कल्याण के मार्ग पर जो चलता है, वह परम गति को पहुँचता है.

यः शास्त्र-विधिम् उत्सृज्य वर्तते काम-कारतः।
न स सिद्धिम् अवाप्नोति न सुखं न परां गतिम्।।२३।।

जो शास्त्र में बताए तरीक़े छोड़ कर, वासना के वशीभूत हो कर, व्यवहार करता है, उसे न सिद्धि मिलती है, न सुख, न परम गति.

तस्माच्छास्त्रं प्रमाणं ते कार्याकार्य-व्यवस्थितौ।
ज्ञात्वा शास्त्र-विधानोक्तं कर्म कर्तुम् इहार्हसि।।२४।।

इस लिए तुझे क्या करना है और क्या नहीं करना—इस का प्रमाण शास्त्र ही है. शास्त्र और विधान में बताए गए कर्म को जान कर यहाँ इस लोक में उन का आचरण करना ठीक है.

इति श्रीमद्-भगवद्-गीतासु उपनिषत्सु ब्रह्म-विद्यायां योग-शास्त्रे श्री-कृष्णार्जुन-संवादे दैवासुर-संपद्-विभाग-योगो नाम षोडषोऽध्यायः

यह था श्रीमद् भगवद् गीता उपनिषद् ब्रह्म विद्या और योग शास्त्र श्री कृष्ण अर्जुन संवाद में दैवासुर संपदा विभाग योग नाम का सोलहवाँ अध्याय

सप्तदशोऽध्यायः

श्रद्धात्रय विभाग योग

अर्जुनोवाच

ये शास्त्र-विधिम् उत्सृत्य यजन्तो श्रद्धयान्विताः।
तेषां निष्ठा तु का कृष्ण सत्त्वम् आहो रजस् तमः॥१॥

अर्जुन ने कहा

बहुत से ऐसे लोग हैं, जो शास्त्र में बताए तरीक़े से हट कर यज्ञ पूजा करते हैं. उन की पूजा में श्रद्धा होती है. कृष्ण, उन की यह निष्ठा, यह आस्था कैसी है? सत्त्व गुण वाली, राजसी या तामसिक?

श्रीभगवान् उवाच

त्रिविधा भवति श्रद्धा देहिनां सा स्वभावजा।
सात्त्विकी राजसी चैव तामसी चेति तां शृणु॥२॥

श्री भगवान ने कहा

देहधारियों की श्रद्धा का जन्म उन के स्वभाव से होता है. वह सात्त्विक, राजसिक और तामसिक—तीन प्रकार की होती है. सुन.

सत्त्वानुरूपा सर्वस्य श्रद्धा भवति भारत।
श्रद्धामयोऽयं पुरुषो यो यच्छ्रद्धः स एव सः॥३॥

भारत, सब की श्रद्धा अपने अपने व्यक्तित्व और अपने अपने स्वभाव के अनुरूप होती है. मनुष्य श्रद्धा का पुतला है. जिस की जैसी श्रद्धा होती है, वैसा ही वह मनुष्य होता है.

यजन्ते सात्त्विका देवान् यक्ष-रक्षांसि राजसाः।
प्रेतान् भूतगणांश् चान्ये यजन्ते तामसा जनाः।।४।।

सात्त्विक वृत्ति वाले मनुष्य देवताओं की पूजा करते हैं. राजसिक लोग यक्षों और राक्षसों की पूजा करते हैं. प्रेतों और भूतों की पूजा तामसिक लोग करते हैं.

अशास्त्र-विहितं घोरं तप्यन्ते ये तपो जनाः।
दम्भाहङ्कार-संयुक्ताः काम-राग-बलान्विता।।५।।

कई लोग शास्त्र के मार्ग से हट कर भयंकर तपस्या करते हैं. उन में दंभ और अहंकार भरा होता है. उन के मन कामनाओं से भरे होते हैं. वे संसार में आसक्त होते हैं. और अपने बल पर घमंड करते हैं.

कर्षयन्तः शरीरस्थं भूत-ग्रामम् अचेतसः।
मां चैवान्तःशरीरस्थं तान् विद्ध्य् आसुर-निश्चयान्।।६।।

अपने शरीर को और उस शरीर में स्थित मुझे वे नाहक़ खदेड़ते और कष्ट देते हैं. तू यह समझ कि उन के निश्चय आसुरी हैं.

आहारस्त्व् अपि सर्वस्य त्रिविधो भवति प्रियः।
यज्ञस् तपस् तथा दानं तेषां भेदम् इमं शृणु।।७।।

लोगों का प्रिय भोजन भी तीन तरह का होता है. इसी तरह उन का यज्ञ, उन का तप, और उन का दान की तीन तरह का होता है. यह सुन.

आयुः-सत्त्व-बलारोग्य-सुख-प्रीति-विवर्धनाः।
रस्याः स्निग्धाः स्थिरा हृद्या आहाराः सात्त्विक-प्रियाः।।८।।

वे आहार जो आयु, सत्त्व (प्राण शक्ति), बल, स्वास्थ्य, सुख और प्रेम को बढ़ाते हैं, जो रसपूर्ण, चिकने, स्थिर और मनभावन होते हैं, वे सात्त्विक लोगों को पसंद आते हैं.

कट्वम्ल-लवणात्युष्ण-तीक्ष्ण-रूक्ष-विदाहिनः।

आहारा राजसस्येष्टा दुःख-शोकामय-प्रदाः।।९।।

कड़वे, खट्टे, नमकीन, गरम, तीखे, रूखे, जलन पैदा करने वाले, दुःख, शोक और बीमारी लाने वाले आहार रजोगुण वालों को पसंद आते हैं.

यात-यामं गत-रसं पूति पर्युषितं च यत्।
उच्छिष्टम् अपि चामेध्यं भोजनं तामस्-प्रियम्।।१०।।

तामसिक जनों को वे आहार पसंद हैं जो यातयाम हों—जो बासी हों. ऐसे आहारों का रस समाप्त हो चुका होता है. उन में से गंध आती है. वे आहार भी तामसी जनों का प्रिय हैं जो बचे खुचे और जूठे हों, अपवित्र हों, यो यज्ञ में न चढ़ाए जा सकते हों.

अफलाकाङ्क्षिभिर् यज्ञो विधि-दृष्टो य इज्यते।
यष्टव्यम् एवेति मनः समाधाय स सात्त्विकः।।११।।

सात्त्विक यज्ञ किसी फल की इच्छा से नहीं किया जाता. ऐसा यज्ञ शास्त्र में वर्णित विधि से किया जाता है. यज्ञ करना कर्तव्य है—यह मान कर वह यज्ञ किया जाता है.

अभिसन्धाय तु फलं दम्भार्थम् अपि चैव यत्।
इज्यते भरतश्रेष्ठ तं यज्ञं विद्धि राजसम्।।१२।।

फल की इच्छा से जो यज्ञ किया जाता है और जो अपनी शान का दिखावा करने के लिए किया जाता है, भरत श्रेष्ठ अर्जुन, उस यज्ञ को तू राजसिक यज्ञ समझ.

विधिहीनम् असृष्टान्नं मन्त्रहीनम् अदक्षिणम्।
श्रद्धा-विरहितं यज्ञं तामसं परिचक्षते।।१३।।

तामसी यज्ञ उसे कहते हैं जो शास्त्र की विधि बिना किया जाता है. उस में अन्न का दान नहीं किया जाता, मंत्र नहीं पढ़े जाते, दक्षिणा नहीं दी जाती. ऐसे यज्ञ में श्रद्धा भी नहीं होती.

देव-द्विज-गुरु-प्राज्ञ-पूजनं शौचम् आर्जवम्।
ब्रह्मचर्यम् अहिंसा च शारीरं तप उच्यते।।१४।।

शरीर का तप कहते हैं देवताओं, ब्राह्मणों, गुरुओं और ज्ञानियों की पूजा को, सफ़ाई और पवित्रता को, सरलता और कपटहीनता को, ब्रह्मचर्या और अहिंसा के आचरण को.

अनुद्वेगकरं वाक्यं सत्यं प्रिय-हितं च यत्।
स्वाध्यायाऽऽभ्यासनं चैव वाङ्मयं तप उच्यते।।१५।।

वाणी का तप वह बोली है जो उत्तेजित न करे. सत्य और प्यार से भरी हो और भला करने वाली हो, स्वाध्याय और अभ्यास में लगी हो.

मनः-प्रसादः सौम्यत्वं मौनम् आत्म-विनिग्रहः।
भाव-संशुद्धिर् इत्य् एतत् तपो मानसम् उच्यते।।१६।।

मन का तप कहते हैं—मन में प्रसन्न भाव को, शांत सौम्य स्वभाव को, मौन को, आत्मनियंत्रण को और विचारों की शुद्धता को.

श्रद्धया परया तप्तं तपस् तत् त्रिविधं नरैः।
अफलाकाङ्क्षिभिर् युक्तैः सात्त्विकं परिचक्षते।।१७।।

ये तीन प्रकार के तप सात्त्विक कहते जाते हैं. ये पूरी श्रद्धा से किए जाते हैं. इन्हें करने वालों के मन में फल की इच्छा नहीं होती.

सत्कार-मान-पूजार्थं तपो दम्भेन चैव यत्।
क्रियते तद् इह प्रोक्तं राजसं चलम् अध्रुवम्।।१८।।

जो तप अपने सत्कार के लिए, अपनी शान के लिए किया जाता है, जिस के पीछे दंभ होता है, उसे राजसिक तप कहते हैं. वह तप क्षणिक होता है. उस में दृढ़ता नहीं होती.

मूढ-ग्राहेणात्मनो यत् पीडया क्रियते तपः।
परस्योत्सादनार्थं वा तत् तामसम् उदाहृतम्।।१९।।

तामसिक तप वह है जो हठपूर्वक किया जाता है. उस का उद्देश्य अपने को पीड़ा देना या दूसरों को नुक़सान पहुँचाना होता है.

दातव्यम् इति यद् दानं दीयतेऽनुपकारिणे।
देशे काले च पात्रे च तद् दानं सात्त्विकं स्मृतम्।।२०।।

सात्त्विक दान वह है जिस का उद्देश्य मात्र दान करना होता है. यह ऐसे व्यक्ति को दिया जाता है जिस से बदले में कुछ मिलने की आशा न हो. ऐसा दान सही स्थान और समय पर सही पात्र को दिया जाता है.

यत् तु प्रत्युपकारार्थं फलम् उद्दिश्य वा पुनः।
दीयते च परिक्लिष्टं तद् दानं राजसं स्मृतम्।।२१।।

राजसिक दान वह है जो बदले में कुछ मिलने की आशा से दिया जाता है. इस दान में दानी को कुछ अच्छा फल मिलने की आशा होती है. यह दान बड़ी कठिनाई से दिया जाता है.

अ-देश-काले यद् दानम् अपात्रेभ्यश् च दीयते।
असत्कृतम् अवज्ञातं तत् तामसम् उदाहृतम्।।२२।।

जो दान ग़लत स्थान पर, ग़लत समय में, ग़लत पात्र को दिया जाए वह तामसी दान कहा गया है. इस में दान पाने वाले का सत्कार नहीं, बल्कि तिरस्कार किया जाता है.

ॐ तत्सद् इति निर्देशो ब्रह्मणस् त्रिविध स्मृतः।
ब्राह्मणास् तेन वेदाश् च यज्ञाश् च विहिताः पुरा।।२३।।

ॐ तत् सत्—यह ब्रह्म का तिहरा निर्देश या संकेत कहा गया है. प्राचीन काल में इस निर्देश ने ब्राह्मणों, वेदों और यज्ञों को बनाया.

तस्माद् ओम् इत्य् उदाहृत्य यज्ञ-दान-तपः क्रियाः।
प्रवर्तन्ते विधानोक्ताः सततं ब्रह्म-वादिनाम्।।२४।।

इस लिए ब्रह्म को मानने वाले ब्रह्मवादी लोग शास्त्रों में कहे गए

जितने भी यज्ञ, दान, तप आदि काम करते हैं, तो हमेशा पहले ॐ का उच्चारण करते हैं.

तद् इत्य् अनभिसन्धाय फलं यज्ञ-तपः क्रियाः।
दान-क्रियाश् च विविधाः क्रियन्ते मोक्ष-काङ्क्षिभिः।।२५।।

तत् —'वह' यानी परे, दूर, अलग, असंपृक्त—का उच्चारण कर के, और मन में किसी भी प्रकार फल की इच्छा न कर के, मोक्ष चाहने वाले लोग यज्ञ, तप और दान आदि अनेक धार्मिक कृत्य करते हैं.

सद्भावे साधु-भावे च सद् इत्य् एतत् प्रयुज्यते।
प्रशस्ते कर्मणि तथा सच्छब्दः पार्थ युज्यते।।२६।।

सद्भाव और साधु भाव में सत् का प्रयोग किया जाता है. जितने भी अच्चे काम है, पार्थ, सत् उन सब में लगता है.

यज्ञे तपसि दाने च स्थितिः सद् इति चोच्यते।
कर्म चैव तदर्थीयम् सद् इत्य् एवाभिधीयते।।२७।।

यज्ञ, तप और दान में लगे रहने के भाव को सत् कहा जाता है. और इन के लिए जो कार्म किया जाता है वह भी सत् कहा जाता है.

अश्रद्धया हुतं दत्तं तपस् तप्तं कृतं च यत्।
असद् इत्य् उच्यते पार्थ न च तत् प्रेत्य नो इह।।२८।।

जो कुछ भी हवन, दान, तप या अन्य कोई कर्म किया, उस में अगर श्रद्धा नहीं है, निष्ठा नहीं है तो, पार्थ, वह असत् ही कहा जाता है. उस का प्रभाव न उस लोक में हैं, न इस लोक में.

इति श्रीमद्-भगवद्-गीतासु उपनिषत्सु ब्रह्म-विद्यायां योग-शास्त्रे श्री-कृष्णार्जुन-संवादे श्रद्धात्रय-विभाग-योगो नाम सप्तदशोऽध्यायः

यह था श्रीमद् भगवद् गीता उपनिषद् ब्रह्म विद्या योग शास्त्र श्री कृष्ण अर्जुन संवाद में श्रद्धात्रय विभाग योग नाम का सतरहवाँ अध्याय

अष्टादशोऽध्यायः

मोक्ष संन्यास योग

अर्जुनोवाच

संन्यासस्य महाबाहो तत्त्वम् इच्छामि वेदितुम्।
त्यागस्य च हृषीकेश पृथक् केशि-निषूदन।।१।।

अर्जुन ने कहा

महाबाहु, हृषीकेश, केशिनिषूदन! मैं संन्यास का और त्याग का तत्त्व जानना चाहता हूँ. उन दोनों में क्या अंतर है?

श्रीभगवान् उवाच

काम्यानां कर्मणां न्यासं संन्यासं कवयो विदुः।
सर्व-कर्म-फल-त्यागं प्राहुस् त्यागं विचक्षणाः।।२।।

श्री भगवान ने कहा

कवि—मेधावी और विद्वान—समझते हैं कि संन्यास उन कर्मों का परित्याग है जो फल की कामना से किए जाते हैं. सब कर्मों के फल के त्याग को विवेचक लोग त्याग कहते हैं.

त्याज्यं दोषवद् इत्य् एके कर्म प्राहुर् मनीषिणः।
यज्ञ-दान-तपः-कर्म न त्याज्यम् इति चापरे।।३।।

कई मनीषी जन कहते हैं कि सभी कर्म दोष देने वाले हैं. उन का त्याग कर दिया जाना चाहिए. कुछ अन्य मनीषियों का कहना है कि यज्ञ, दान और तप जैसे कर्मों का त्याग नहीं किया जाना चाहिए.

निश्चयं शृणु मे तत्र त्यागे भरत-सत्तम।
त्यागो हि पुरुष-व्याघ्र त्रिविधः सम्प्रकीर्तितः।।४।।

भरत श्रेष्ठ, पुरुषों में सिंह, अर्जुन! त्याग के विषय में मेरा निश्चय, निर्णय, सुन. त्याग तीन प्रकार का कहा गया है.

यज्ञ-दान-तपः-कर्म न त्याज्यं कार्यम् एव तत्।
यज्ञो दानं तपश् चैव पावनानि मनीषिणाम्।।५।।

यज्ञ, दान और तप जो कर्म हैं—उन कर्मों का त्याग नहीं करना चाहिए. ये निस्संदेह करने योग्य हैं. यज्ञ, दान और तप करने से मनीषी जन, विचारक जन, पवित्र होते हैं.

एतान्य् अपि तु कर्माणि सङ्गं त्यक्त्वा फलानि च।
कर्तव्यानीति मे पार्थ निश्चितं मतम् उत्तमम्।।६।।

लेकिन, पार्थ, इन कर्मों को भी आसक्तिहीन हो कर करना चाहिए और इन फलों का त्याग कर देना चाहिए. इन्हें मात्र कर्तव्य समझ कर करना चाहिए. यह मेरा सुनिश्चित और उत्तम मत है.

नियतस्य तु संन्यासः कर्मणो नोपपद्यते।
मोहात् तस्य परित्यागस् तामसः परिकीर्तितः।।७।।

जो जीवन के आवश्यक कर्म हैं, जो नियम हैं, उन कर्मों का त्याग उचित नहीं है. उन का त्याग मूर्खतावश—मूढ़ता के अधीन—ही किया जा सकता है. ऐसा त्याग तामसिक कहलाता है.

दुःखम् इत्य् एव यत् कर्म काय-क्लेश-भयात् त्यजेत्।
स कृत्वा राजसं त्यागं नेव त्याग-फलं लभेत्।।८।।

काया को कष्ट होने के डर से जो यह मान लेते हैं कि कर्म मात्र दुःख है, और कर्मों को त्याग देते हैं, उन का त्याग रजोगुणी त्याग कहलाता है. ऐसा कर्म त्याग निर्थक और निष्फल है. त्याग ही नहीं है.

कार्यम् इत्य् एव यत् कर्म नियतं क्रियतेऽर्जुन।
सङ्गं त्यक्त्वा फलं चैव स त्यागः सात्त्विको मतः।।९।।

कर्तव्य मान कर जो नियत कर्म किया जाता है और उस में आसक्ति को और फल को त्याग दिया जाता है, अर्जुन, तो वह सात्त्विक त्याग माना जाता है.

न द्वेष्ट्य् अकुशलं कर्म कुशले नानुषज्जते।
त्यागी सत्त्व-समाविष्टो मेधावी छिन्न-संशयः।।१०।।

सत्त्व में समाविष्ट त्यागी वह है जो अकुशल कर्म से कतराता नहीं और कुशल कर्म से आसक्त नहीं होता. वह मेधावी है, बुद्धिमान है. उस के संशय कट चुके हैं.

न हि देहभृता शक्यं त्यक्तुं कर्माण्य् अशेषतः।
यस् तु कर्म-फल-त्यागी स त्यागीत्य् अभिधीयते।।११।।

देहधारियों के लिए यह संभव नहीं है कि वे पूरी तरह सब कर्मों का त्याग कर दें, इस लिए त्यागी वही कहा जाता है जो अपने कर्मों के फल का त्याग कर दे.

अनिष्टम् इष्टं मिश्रं च त्रिविधं कर्मणः फलम्।
भवत्य् अत्यागिनां प्रेत्य न तु संन्यासिनां क्वचित्।।१२।।

कर्मों का तीन प्रकार का फल मिलता है—अच्छा, बुरा और मिला जुला. मरने पर यह फल उन्हें मिलता है जो कर्म फल का त्याग नहीं करते. लेकिन जो संन्यासी हैं, जो अपने कर्मों के फलों का त्याग कर चुके हैं. उन्हें कैसा भी फल नहीं मिलता.

पञ्चैतानि महाबाहो कारणानि निबोध मे।
साङ्ख्ये कृतान्ते प्रोक्तानि सिद्धये सर्व-कर्मणाम्।।१३।।

महाबाहु, सांख्य के सिद्धांत में सब कर्मों की सिद्धि के पाँच कारण बताए गए हैं. वे तू मुझ से सुन.

अध्याय : १८

अधिष्ठानं तथा कर्ता करणं च पृथग्-विधम्।
विविधाश् च पृथक् चेष्टा दैवं चैवात्र पञ्चमम्।।१४।।

एक. अधिष्ठान—आधार, आश्रय, शरीर.

दो. कर्ता—करने वाला, पुरुष, गुणों का भोक्ता.

तीन. अलग अलग करण—साधन, इंद्रियाँ.

चार. अनेक और अलग अलग चेष्टाएँ, कोशिशें, प्रयास, उद्यम.

पाँच. दैव—प्रकृति की शक्तियाँ जो कर्म संपादन में कर्ता के काम आती हैं.

कर्म सिद्धि के ये पाँच कारण हैं.

शरीर-वाङ्-मनोभिर् यत् कर्म प्रारभते नरः।
न्याय्यं वा विपरीतं वा पञ्चैते तस्य हेतवः।।१५।।

शरीर, वाणी और मन से मनुष्य कोई भी काम आरंभ करे, वह कर्म चाहे शास्त्र के अनुसार हो या शास्त्र के विरुद्ध, उस कर्म में ये पाँचों तत्त्व होते हैं.

तत्रैवं सति कर्तारम् आत्मानं केवलं तु यः।
पश्यत्य् अकृत-बुद्धित्वान् न स पश्यति दुर्मतिः।।१६।।

कर्म के ये पाँच कारण होते हुए भी, जो अपनी बुद्धिहीनता के कारण केवल अपने को कर्ता के रूप में देखता है, उस की मति ठीक नहीं है. वह कुमति कुछ नहीं देखता.

यस्य नाहङ्कृतो भावो बुद्धिर् यस्य न लिप्यते।
हत्वापि इमाँल् लोकान् न हन्ति न निबध्यते।।१७।।

जिस में यह अहंकार नहीं है कि मैं कर्मों को करता हूँ और जिस की बुद्धि निर्लिप्त है, वह न तो किसी को मारता है, न अपने कर्म से बँधता है.

ज्ञानं ज्ञेयं परिज्ञाता त्रिविधा कर्म-चोदना।

करणं कर्म कर्तेति त्रिविधः कर्म-सङ्ग्रह।।१८।।

ज्ञान, ज्ञेय और ज्ञाता (ज्ञान, ज्ञान का विषय और ज्ञानी)—ये तीन मिल कर कर्म की प्रेरणा हैं. करण, कर्म और कर्ता—ये तीनों कर्म संग्रह हैं—कर्म के सक्रिय अंग हैं.

ज्ञानं कर्म च कर्ता च त्रिधैव गुण-भेदतः।
प्रोच्यते गुण-सङ्ख्याने यथावच्छृणु तान्य् अपि।।१९।।

सांख्य के अंतर्गत ज्ञान, कर्म और कर्ता को भी गुणों के अनुसार तीन प्रकार का माना गया है. वे भी तू मुझ से सुन.

सर्व-भूतेषु येनैकं भावम् अव्ययम् ईक्षते।
अविभक्तं विभक्तेषु तज् ज्ञानं विद्धि सात्त्विकम्।।२०।।

जिस के द्वारा सब पदार्थों और जीवों में उस एक अव्यय को देखता है और सब अलग अलग विभाजित चीज़ों में 'वह' अविभक्त और अखंड दिखाई देता है, ऐसे ज्ञान को तू सात्त्विक ज्ञान समझ.

पृथक्त्वेन तु यज् ज्ञानं नाना भावान् पृथग्-विधान्।
वेत्ति सर्वेषु भूतेषु तज् ज्ञानं विद्धि राजसम्।।२१।।

जिस के द्वारा मनुष्य को संसार के विविध पदार्थों और प्राणियों में अलग अलग अस्तित्व दिखाई देते हैं, उसे तू राजसिक या रजोगुणी ज्ञान समझ.

यत् तु कृत्स्नवद् एकस्मिन् कार्ये सक्तम् अहैतुकम्।
अतत्त्वार्थवद् अल्पं च तत् तामसम् उदाहृतम्।।२२।।

तामसी ज्ञान के द्वारा मनुष्य किसी एक कार्य को अपने में संपूर्ण और स्वतंत्र समझ कर उसी से चिमट जाता जाता है. वह समझता है कि हर कार्य अहैतुक है, अपने आप से उपजता है—उस के पीछे अन्य पूर्ववर्ती कार्यों की अंतहीन शृंखला नहीं होती. वह पूर्ण सत्य को नहीं समझ पाता. यह ज्ञान कम और छिछला होता है.

नियतं सङ्गरहितम् अ-राग-द्वेषतः कृतम्।
अ-फल-प्रेप्सुना कर्म यत् तत् सात्त्विक म् उच्यते।।२३।।

सात्त्विक कर्म वह कहलाता है जो नियत है, निर्धारित है. ऐसा कर्म आसक्ति के बग़ैर किया जाता है. उस में राग द्वेष नहीं होता. उस कर्म के पीछे उस का फल भोगने की कामना नहीं होती.

यत् तु कामेप्सुना कर्म साहङ्कारेण वा पुनः।
क्रियते बहुलायासं तद् राजसम् उदाहृतम्।।२४।।

राजसिक कर्म वह कहा गया है जिसे करने वाला कामनाओं—इच्छाओं, चाहतों—से भरा होता है. वह अपने आप को कर्मों का कर्ता मानता है और कर्ता होने के अभिमान से भरा होता है. उस का कर्म अनेक परिश्रमों से किया जाता है.

अनुबन्धं क्षयं हिंसाम् अनवेक्ष्य च पौरुषम्।
मोहाद् आरभ्यते कर्म यत् तत् तामसम् उच्यते।।२५।।

तामसिक कर्म वह कहा जाता है जो मोह—अज्ञान और §ाम से आरंभ किया जाता है. इस में न तो पहले से अनुबंध—फल, शुभ, अशुभ, कारण, प्रयोजन, मार्ग आदि आरंभिक तर्क—के बारे में सोचा जाता है, न हानि, हिंसा और सामर्थ्य के बारे में विचार किया जाता है.

मुक्त-सङ्गोऽनहंवादी धृत्य्-उत्साह-समन्वितः।
सिद्ध्य्-असिद्ध्योर् निर्विकारः कर्ता सात्त्विक उच्यते।।२६।।

सात्त्विक कर्ता वह है जिस में आसक्ति नहीं होती. वह अहंवादी नहीं होता. वह धैर्य और उत्साह से भरा होता है. काम के पूरा होने या न होने में, सिद्धि और असिद्धि में वह निर्विकार होता है.

रागी कर्म-फल-प्रेप्सुर् लुब्धो हिंसात्मकोऽशुचिः।
हर्ष-शोकान्वितः कर्ता राजसः परिकीर्तितः।।२७।।

राजसिक कर्ता उसे कहा गया है जो रागों से युक्त होता है. वह कर्मों

का फल भोगना चाहता है. वह लोभी होता है. वह हिंसात्मक होता है—दूसरों को कष्ट पहुँचाना चाहता है. वह अस्वच्छ होता है—उस का आचरण बरताव शुद्ध नहीं होता. ख़ुशी से वह फूल उठता है. और शोक में डूब जाता है.

अयुक्तः प्राकृतः स्तब्धः शठो नैष्कृतिकोऽलसः।
विषादी दीर्घ-सूत्री च कर्ता तामस उच्यते।।२८।।

तामसिक कर्ता वह कहलाता है जो योगी न हो—आत्मनियंत्रित, सयंमित न हो. वह संस्कारहीन और उजड्ड होता है. वह गतिहीन, जड़, होता है. वह धूर्त, चालाक, मक्कार होता है. वह कर्महीन और आलसी होता है. उस की आदत रोने झींकने की होती है. टालमटोल करना उस का स्वभाव होता है.

बुद्धेर् भेदं धृतेश् चैव गुणतस् त्रिविधं शृणु।
प्रोच्यमानम् अशेषेण पृथक्त्वेन धनञ्जय।।२९।।

गुणों के अनुसार बुद्धि और धृति के तीन प्रकार के भेद हैं. धनंजय, वे भी तू मुझ से अलग अलग सुन.

प्रवृत्तिं च निवृतिं च कार्याकार्ये भयाभये।
बन्धं मोक्षं च या वेत्ति बुद्धिः सा पार्थ सात्त्विकी।।३०।।

पार्थ, बुद्धि वह सात्त्विक होती है जो यह जानती है कि कहाँ प्रवृत्त होना है, कहाँ निवृत्त,—कहाँ सक्रिय होना है, कहाँ दूर हट जाना है. वह बुद्धि कर्तव्य और अकर्तव्य को, भय और अभय को, बंधन और मोक्ष को जानती है.

यया धर्मम् अधर्मं च कार्यं चाकार्यम् एव च।
अयथावत् प्रजानाति बुद्धिः सा पार्थ राजसी।।३१।।

जो धर्म और अधर्म को, कार्य और अकार्य को ठीक तरह से नहीं जानती, पार्थ, वह रजोगुणी बुद्धि है.

अधर्मं धर्मम् इति या मन्यते तमसावृता।
सर्वार्थान् विपरीतांश् च बुद्धिः सा पार्थ तामसी।।३२।।

जो बुद्धि अधर्म को धर्म मानती है और सब अर्थों—उद्देश्यों—को औंधा, उलटा, समझती है, पार्थ, वह बुद्धि अंधकार से ढँकी है और तामसी है.

धृत्या यया धारयते मनः प्राणेन्द्रिय-क्रियाः।
योगेनाऽऽव्यभिचारिण्या धृति सा पार्थ सात्त्विकी।।३३।।

पार्थ, धृति—धारण शक्ति—वह सात्त्विक है जिस में मनुष्य एकाग्रता और एकनिष्ठा से मन, प्राण और इंद्रियों की क्रियाओं को स्थिर रखता है.

यया तु धर्म-कामार्थान् धृत्या धारयतेऽर्जुन।
प्रसङ्गेन फलाकाङ्क्षी धृतिः सा पार्थ राजसी।।३४।।

अर्जुन, जिस धृति से मनुष्य पूरी आसक्ति के साथ धर्म, अर्थ और काम को धारण करता है, और फलाकांक्षी होता है, पार्थ, वह रजोगुणी है.

यया स्वप्नं भयं शोकं विषादं मदम् एव च।
न विमुञ्चति दुर्मेधा धृतिः सा पार्थ तामसी।।३५।।

जिस के द्वारा दुष्ट बुद्धि वाला मनुष्य स्वप्न (निद्रा), भय, शोक, दुःख और मद को जकड़े रखता है, पार्थ, वह धृति तमोगुणी है.

सुखं त्विदानीं त्रिविधं शृणु मे भरतर्षभ।
अभ्यासाद् रमते यत्र दुःखान्तं च निगच्छति।।३६।।

अब तू मुझ से तीन प्रकार के सुख के भेद भी सुन. भरतों में श्रेष्ठ, एक सुख वह होता है जिस में मनुष्य अभ्यासपूर्वक आनंद पाता है. इस में वह वहाँ पहुँच जाता है, जहाँ दुःखों का अंत हो जाता है.

यत् तद् अग्रे विषम् इव परिणामेऽमृतोपमम्।
तत् सुखं सात्त्विकं प्रोक्तम् आत्म-बुद्धि-प्रसादजम्।।३७।।

यह सुख आरंभ में विष जैसा लगता है, पर अंतिम परिणाम में यह अमृत के बराबर है. यह सुख सात्त्विक सुख कहा गया है. यह सुख आत्म ज्ञान से मिलता है. यह आत्मबुद्धि का प्रसाद है.

विषयेन्द्रिय-संयोगाद् यत् तद् अग्रेऽमृतोमपम्।
परिणामे विषम् इव तत् सुखं राजसं स्मृतम्।।३८।।

एक सुख विषयों और इंद्रियों के संयोग से होता है. आरंभ में यह अमृत जैसा लगता है. लेकिन इस का परिणाम विष जैसा होता है. यह सुख रजोगुणी कहा गया है.

यद् अग्रे चानुबन्धे च सुखं मोहनम् आत्मनः।
निद्रालस्य-प्रमादोत्थं तत् तामसम् उदाहृतम्।।३९।।

एक सुख आरंभ में और परिणाम में आत्मा को मोह लेता है. यह निद्रा, आलस्य और लापरवाही से होता है. इसे तामसिक कहा गया है.

न तद् अस्ति पृथिव्यां वा दिवि देवेषु वा पुनः।
सत्त्वं प्रकृतिजैर् मुक्तं यद् एभिः स्यात् त्रिभिर् गुणैः।।४०।।

पृथिवी पर या स्वर्ग के देवताओं में कोई भी सत्ता ऐसी नहीं है, जो प्रकृति से उपजे इन गुणों से मुक्त हो.

ब्राह्मण-क्षत्रिय-विशां शूद्राणां च परन्तप।
कर्माणि प्रविभक्तानि स्वभाव-प्रभवैर् गुणैः।।४१।।

ब्राह्मणों, क्षत्रियों, वैश्यों के और शूद्रों के कामों का अलग अलग विभाजन, परंतप, गुणों के आधार पर किया गया है. इन गुणों का जन्म उन के अपने अपने स्वभाव से हुआ है.

शमो दमस् तपः शौचं क्षान्तिर् आर्जवम् एव च।

ज्ञानं विज्ञानम् आस्तिक्यं ब्रह्म-कर्म स्वभावजम्।।४२।।

एक. शम—कल्याण, मंगल कामना, और शांति.

दो. दमन—इंद्रियों का निग्रह, आत्म नियंत्रण.

तीन. तप—साधना, तपस्या.

चार. शौच—स्वच्छता, सफ़ाई, तन और मन की पवित्रता.

पाँच. क्षांति—क्षमा, सहनशीलता, उदारता.

छः. आर्जव—सरलता, सादगी, निष्कपटता, खरापन.

सात. ज़ान—अव्यक्त ब्रह्म का ज़ान.

आठ. विज़ान—ब्रह्म के व्यक्त कर्मों का ज़ान, प्राकृतिक ज़ान, पदार्थ ज़ान.

नौ. आस्तिक्य—आस्तिकता, ईश्वर में विश्वास, भक्ति, श्रद्धा.

ये ब्राह्मणों के कर्म हैं. ये उन के स्वभाव से उत्पन्न हुए हैं.

शौर्यं तेजो धृतिर् दाक्ष्यं युद्धे चाप्य् अपलायनम्
दानम् ईश्वर-भावश् च क्षात्रं कर्म स्वभावजम्।।४३।।

एक. शौर्य—शूरवीरता, पराक्रम, बहादुरी.

दो. तेज—शक्ति, ओज, ऊर्जा.

तीन. धृति—धैर्य, दृढ़ता, स्थिरता

चार. युद्ध में दक्षता—रण निपुणता, लड़ाई की कला में महारत.

पाँच. अपलायन—शत्रु के सामने डटे रहने की हिम्मत, हिम्मत न हारना.

छः. दान—उपहार और पुरस्कार देने की भावना, उदारता, दानशीलता.

सात. ईश्वर भाव—अपने को स्वामी समझने की आदत, स्वामित्व.

ये क्षत्रियों के कर्म हैं. ये उन के स्वभाव से उत्पन्न हुए हैं.

कृषि-गौरक्ष्य-वाणिज्यं वैश्य-कर्म स्वभावजम्।
परिचर्यात्मकं कर्म शूद्रस्यापि स्वभावजम्।।४४।।

कृषि—खेती. गोरक्षा—गौ पालन, मवेशियों को पालना. वाणिज्य—व्यापार. ये वैश्यों के कर्म हैं, जो उन के स्वभाव से उपजे हैं.

परिचर्या, सेवा, टहल जैसे काम शूद्रों के हैं. ये भी उन के स्वभाव से उपजे हैं.

स्वे स्वे कर्मण्य् अभिरतः संसिद्धिं लभते नरः।
स्वकर्म-निरतः सिद्धिं यथा विन्दति तच्छ्रुणु।।४५।।

अपने अपने काम में लगे मनुष्य को सिद्धि मिलती है. सुन, अपने काम में लगे रहने से सिद्धि कैसे मिलती है.

यतः प्रवृत्तिर् भूतानां येन सर्वम् इदं ततम्।
स्वकर्मणा तम् अभ्यचर्य सिद्धिं विन्दति मानवः।।४६।।

'जिस' ने सब भूत पदार्थों और प्राणियों को उन के कामों में लगाया है, 'जिस' से यह सारा जगत ओतप्रोत है, अपने अपने कर्म से 'उस' की पूजा अर्चना कर के मानव को सिद्धि मिलती है.

श्रेयान् स्वधर्मो विगुणः परधर्मात् स्वनुष्ठितात्।
स्वभाव-नियतं कर्म कुर्वन् नाप्नोति किल्बिषम्।।४७।।

स्वधर्म—अपना काम, अपना धंधा—गुणहीन हो तो भी कौशलपूर्ण परधर्म से अच्छा है. हमारा जो कर्म स्वभाव से नियत है, वह करने से पाप नहीं मिलता.

सहजं कर्म कौन्तेय सदोषम् अपि न त्यजेत्।
सर्वारम्भा हि दोषेण धूमेनाग्निर् इवावृताः।।४८।।

कौंतेय, जो कर्म आदमी को स्वभाव से ही मिला है, वह दोषों से भरा हो तो भी उसे छोड़ना नहीं चाहिए. संसार में सारे कर्म, सब प्रयास उसी तरह दोषों से घिरे हैं, जैसे अग्नि धूएँ से घिरी होती है.

असक्त-बुद्धिः सर्वत्र जितात्मा विगत-स्पृहः।
नैष्कर्म्य-सिद्धिं परमां संन्यासेनाऽऽधिगच्छति।।४९।।

परम निष्कर्म सिद्धि उसे मिलती है, जिस की बुद्धि संसार में

आसक्त नहीं होती. ऐसा मनुष्य अपनी आत्मा को जीत चुका होता है. उस की सारी चाहतें, कामनाएँ, छूट चुकी होती है. यह निष्कर्म सिद्धि संन्यास से मिलती है.

सिद्धिं प्राप्तो यथा ब्रह्म तथाऽऽप्नोति निबोध मे।
समासेनैव कौन्तेय निष्ठा ज्ञानस्य या परा।।५०।।

सिद्धि पा कर मनुष्य ब्रह्म तक कैसे पहुँचता है, कौंतेय, यह तू मुझ से संक्षेप में सुन. ब्रह्म को पाना ज्ञान की पराकाष्ठा है.

बुद्ध्या विशुद्धया युक्तो धृत्याऽऽत्मानं नियम्य च।
शब्दादीन् विषयांस् त्यक्त्वा राग-द्वेषौ व्युदस्य च।।५१।।

बुद्धि को पूरी तरह शुद्ध कर ले. धीरज के साथ अपने को बस में कर के योग को प्राप्त कर ले. शब्द आदि जो इंद्रियों के विषय हैं, उन्हें त्याग दे. राग और द्वेष, इच्छा और अनिच्छा, को दूर कर दे...

विविक्त-सेवी लघ्वाशी यत-वाक्-काय-मानसः।
ध्यान-योग-परो नित्यं वैराग्यं समुपाश्रितः।।५२।।

...एकांत का सेवन करने वाला... कम खाने वाला... वाणी, काया और मन को जीतने वाला... नित्य परम ध्यान योग में लगा रहने वाला... वैराग्य की शरण में आने वाला... ऐसा मनुष्य...

अहङ्कारं बलं दर्पं कामं क्रोधं परिग्रहम्।
विमुच्य निर्ममः शान्तो ब्रह्म-भूयाय कल्पते।।५३।।

... अहंकार, बल, दर्प, काम, क्रोध और परिग्रह को छोड़ दे. किसी में ममता न रखे. इस प्रकार पूरी तरह शांत हो जाए. तब वह स्वयं ब्रह्म होने लायक़ हो जाता है.

ब्रह्म-भूतः प्रसन्नात्मा न शोचति न काङ्क्षति।
समः सर्वेषु भूतेषु मदभक्तिं लभते पराम्।।५४।।

ब्रह्म में मिल कर प्रसन्न आत्मा वाला मनुष्य न तो किसी का शोक करता है, न किसी की इच्छा करता है. सब पदार्थों और प्राणियों को वह एक समान समझता है. वह मेरी परम भक्ति को पा लेता है.

भक्त्या माम् अभिजानाति यावान् यश् चास्मि तत्त्वतः।
ततो मां तत्त्वतो ज्ञात्वा विशते तदनन्तरम्।।५५।।

भक्ति के द्वारा वह मेरा स्वरूप अच्छी तरह जान लेता है. फिर वह मुझ में प्रवेश कर लेता है.

सर्व-कर्माण्य् अपि सदा कुर्वाणो मद्-व्यपाश्रयः।
मत्-प्रसादाद् अवाप्नोति शाश्वतं पदम् अव्ययम्।।५६।।

सारे कर्म करते रहने पर भी वह मेरी शरण में आ कर मेरी कृपा से, मेरे प्रसाद से, उस पद को पा लेता है, जो शाश्वत है—सनातन है, और जो अव्यय—अपरिवर्तनशील—है.

चेतसा सर्व-कर्माणि मयि संन्यस्य मत्परः।
बुद्धि-योगं उपाश्रित्य मच्चित्तः सततं भव।।५७।।

अपने सब कर्मों को तू अपनी संपूर्ण चेतना से मुझे अर्पित कर दे. अपने को मुझ में लगा दे. बुद्धि योग का सहारा ले. निरंतर मुझ में अपना चित्त लगा.

मच्चित्तः सर्व-दुर्गाणि मत्-प्रसादात् तरिष्यसि।
अथ चेत् त्वम् अहङ्कारान् न श्रोष्यसि विनङ्क्ष्यसि।।५८।।

मुझ में चित्त लगा कर तू मेरी कृपा से सब कठिनाइयों को पार कर लेगा. लेकिन... अगर तू अहंकार से ग्रस्त है, अपने को कर्ता मानता है, और अगर इस कारण तू मेरी बात नहीं सुनेगा, तो नष्ट हो जाएगा.

यद्य् अहङ्कारम् आश्रित्य न योत्स्य इति मन्यसे।
मिथ्यैष व्यवसायस् ते प्रकृतिस् त्वां नियोक्ष्यति।।५९।।

अपने अहंकार की शरण में आ कर, यह मान कर कि कर्म करने वाला स्वयं तू है, अगर तू युद्ध न करने का निर्णय लेता है, तो तेरा यह निर्णय ग़लत है. तेरी प्रकृति, तेरा स्वभाव, तुझे युद्ध में लगा देगा.

स्वभावजेन कौन्तेय निबद्धः स्वेन कर्मणा।
कर्तुं नेच्छसि यन् मोहात् करिष्यस्य् अवशोऽपि तत्।।६०।।

कौंतेय, तू अपने स्वभाव से उपजे कर्म से बँधा है. मोह में फँस कर तू जो काम नहीं करना चाहता, वह मजबूर हो कर वह तू करेगा ही.

ईश्वरः सर्व-भूतानां हृद्देशेऽर्जुन तिष्ठति।
भ्रामयन् सर्व-भूतानि यन्त्रारूढानि मायया।।६१।।

अर्जुन, सब प्राणियों के हृदय स्थल में ईश्वर बैठा है. वह अपनी माया से सब को ऐसे घुमाता है मानो वे किसी यंत्र पर सवार हों.

तम् एव शरणं गच्छ सर्व-भावेन भारत।
तत्-प्रसादात् परां शान्तिं प्राप्स्यसि शाश्वतम्।।६२।।

भारत, सब प्रकार से तू उसी की शरण में जा. उस की कृपा से तुझे परम शांति और शाश्वत स्थान मिलेगा.

इति ते ज्ञानम् आख्यातं गुह्याद् गुह्यतरं मया।
विमृश्यैतद् अशेषेण यथेच्छसि तथा कुरु।।६३।।

गोपनीयों में भी जो सब से गोपनीय है, जो अत्यंत गुप्त और रहस्यपूर्ण है, वह ज्ञान मैं ने तुझ से कहा है. इस संपूर्ण ज्ञान पर पूरी तरह सोच विचार कर तू जैसा चाहता है वैसा कर.

सर्व-गुह्यतमं भूयः शृणु मे परमं वचः।
इष्टोऽसि मे दृढम् इति ततो वक्ष्यामि ते हितम्।।६४।।

एक बार फिर तू मेरे परम रहस्यपूर्ण वचन सुन. तू मुझे बहुत प्रिय है. इस लिए तेरे भले के लिए कहता हूँ.

मन्मना भव मद्भक्तो मद्याजी मां नमस्कुरु।
माम् एवैष्यसि सत्यं ते प्रतिजाने प्रियोऽसि मे।।६५।।

अपना मन मुझ में लगा. मेरा भक्त बन, अपने यज्ञ मेरे लिए कर. मुझे नमस्कार कर. तू मुझ तक ही पहुँचेगा. मैं तुझ से सच्चा वादा करता हूँ. तू मुझे प्रिय है.

सर्व-धर्मान् परित्यज्य माम् एकं शरणं व्रज।
अहम् त्वा सर्व-पापेभ्यो मोक्षयिष्यामि मा शुचः।।६६।।

सब धर्मों को त्याग कर तू एकमात्र मेरी शरण में आ. मैं तुझे सब पापों से मुक्त कर दूँगा. शोक मत कर.

इदं ते नातपस्काय नाभक्ताय कदाचन।
न चाशुश्रूषवे वाच्यं न च मां योऽभ्यसूयति।।६७।।

मेरा यह उपदेश तू उस से कभी मत कहना, जो तप नहीं करता, जो भक्त नहीं है, जो सुनने का इच्छुक नहीं है, जिस में श्रद्धा नहीं है. मेरे निंदक को भी तू यह उपदेश मत बताना.

य इमं परमं गुह्यं मद्भक्तेष्व अभिधास्यति।
भक्तिं मयि परां कृत्वा माम् एवैष्यत्य् असंशयः।।६८।।

मुझ में पूरी भक्ति रख कर जो मेरा यह परम गोपनीय उपदेश मेरे भक्तों को बताएगा वह मुझे पाएगा—इस में संदेह नहीं है...

न च तस्मान् मनुष्येषु कश्चिन् मे प्रिय-कृत्तमः।
भविता न च मे तस्माद् अन्यः प्रियतरे भुवि।।६९।।

... मेरा प्रिय करने वालों में उस से बढ़ कर कोई और मनुष्य नहीं है, न ही इस पृथिवी पर उस से अधिक प्यारा मुझे कोई और होगा.

अध्येष्यते च य इमं धर्म्यं संवादम् आवयोः।
ज्ञान-यज्ञेन तेनाहम् इष्टः स्याम् इति मे मतिः।।७०।।

हम दोनों का यह संवाद धार्मिक है. जो इस संवाद का अध्ययन करेगा, मैं समझूँगा कि वह ज्ञान यज्ञ के द्वारा मुझे अपना इष्ट, अपना प्रिय बनाना चाहता है.

श्रद्धावान् अनसूयश् च शृणुयाद् अपि यो नरः।
सोऽपि मुक्तः शुभाँल् लोकान् प्राप्नुयात् पुण्य-कर्मणाम्।।७१।।

जो श्रद्धालु और ईर्ष्याहीन मनुष्य इसे सुनेगा, वह भी पापों से मुक्त हो जाएगा. वह उन शुभ लोकों को जाएगा जहाँ पुण्यात्मा जाते हैं.

कच्चिद् एतत् श्रुतं पार्थ त्वयैकाग्रेण चेतसा।
कच्चिद् अज्ञान-सम्मोहः प्रनष्टस् ते धनञ्जय।।७२।।

पार्थ, तू ने मेरा यह उपदेश ध्यान से सुना तो है? धनंजय, अज्ञान के कारण तुझे जो भ्रम हो गया था, वह दूर तो हो गया है?

अर्जुनोवाच

नष्टो मोहः स्मृतिर् लब्धा त्वत्-प्रसादान् मयाऽऽच्युत।
स्थितोऽस्मि गत-सन्देहः करिष्ये वचनं तव।।७३।।

अर्जुन ने कहा

अच्युत, आप की कृपा से मेरा भ्रम नष्ट हो गया है. स्मृति लौट आई है. संदेह दूर हो गया है. मैं दृढ़ हूँ. आप का कहा करूँगा.

सञ्जयोवाच

इत्य् अहं वासुदेवस्य पार्थस्य च महात्मनः।
संवादम् इमम् अश्रौषम् अद्भूतं रोम-हर्षणम्।।७४।।

संजय ने कहा

मैं ने वासुदेव कृष्ण और महात्मा अर्जुन का यह संवाद सुना. यह संवाद अद्भुत है और इसे सुन कर रोमांच हो आता है.

व्यास-प्रसादाच्छ्रुतवान् एतद् गुह्यम् अहं परम्।
योगं योगेश्वरात् कृष्णात् साक्षात् कथयतः स्वयम्।।७५।।

व्यास की कृपा से मैं ने यह गुप्त और महान योग सुना. स्वयं योगेश्वर कृष्ण ने यह मेरी आँखों के सामने कहा.

राजन् संस्मृत्य संस्मृत्य संवादम् इमम् अद्भुतम्।
केशवार्जुनयोः पुण्यं हृष्यामि च मुहुर् मुहुः।।७६।।

राजा धृतराष्ट्र, केशव और अर्जुन का यह पुण्य संवाद बार बार याद आता है. बार बार इसे याद कर के मैं बार बार रोमांचित होता हूँ.

तच् च संस्मृत्य संस्मृत्य रूपम् अत्यद्भुतं हरेः।
विस्मयो मे महान् राजन् हृष्यामि च पुनः पुनः।।७७।।

राजा धृतराष्ट्र, हरि का वह अद्भुत रुप भी मुझे बार बार याद आता है. और बार बार उसे याद कर के मैं बार बार रोमांचित होता हूँ.

यत्र योगेश्वरः कृष्णो यत्र पार्थो धनुर्धरः।
तत्र श्रीर् विजयो भूतिर् ध्रुवा नीतिर् मतिर् मम।।७८।।

यहाँ योगेश्वर कृष्ण और धनुर्धर पार्थ हैं, वहाँ लक्ष्मी है. वहाँ विजय है. वहाँ कल्याण है. वहाँ अचल नीति का व्यवहार है. यह मेरा मत है.

इति श्रीमद्-भगवद्-गीतासु उपनिषत्सु ब्रह्म-विद्यायां योग-शास्त्रे श्री-कृष्णार्जुन-संवादे मोक्ष-संन्यास-योगो नाम अष्टादशोऽध्यायः

यह था श्रीमद् भगवद् गीता उपनिषद ब्रह्म विद्या योग शास्त्र श्री कृष्ण अर्जुन संवाद में मोक्ष संन्यास योग नाम का अठारहवाँ अध्याय

।। इति शुभमस्तु ।।